Evangelische Theologie und urbane Kultur

Kleine Schriften
des Fachbereichs Evangelische Theologie
der Goethe-Universität Frankfurt am Main

Band 5

Evangelische Theologie und urbane Kultur

Herausgegeben von
Hans-Günter Heimbrock

EVANGELISCHE VERLAGSANSTALT
Leipzig

Bibliographische Information der Deutschen Nationalbibliothek
Die Deutsche Nationalbibliothek verzeichnet diese Publikation in der Deutschen Nationalbibliographie; detaillierte bibliographische Daten sind im Internet über http://dnb.dnb.de abrufbar.

Printed in Germany · H 7790

Das Buch wurde auf alterungsbeständigem Papier gedruckt.

Cover: Kai-Michael Gustmann, Leipzig
Satz: Annalena Stich, Frankfurt a. M.
Druck und Binden: Hubert & Co., Göttingen

ISBN 978-3-374-03926-5
www.eva-leipzig.de

Zum Geleit

Dass sich wissenschaftliche Theologie um ihres eigenen Gegenstandes willen wie auch im Blick auf ihre interdisziplinäre Gesprächsfähigkeit in ein kritisch-konstruktives Verhältnis zur Kultur und zu Kulturwissenschaften setzen muss, das gehört zu den wiedergewonnenen Grundeinsichten des Faches. Es ist aber keine Neuentdeckung. Denn lange bevor auch die protestantische Theologie gegen Ende des 20. Jahrhunderts den »cultural turn« mitvollzogen hat, war Kultur für den Protestantismus im Erbe der Liberalen Theologie zu Beginn des 20. Jahrhunderts ein prominenter Bezugspunkt.

Zu denen, die hier früh die Autonomie der kulturellen Gestalten in Malerei, Architektur Musik, Psychotherapie u.a. als theologische Herausforderung identifizierten und aufnahmen, gehört der Theologe und Religionsphilosoph Paul Tillich (1886–1965). Es ging ihm dabei dezidiert nicht um »religiöse Kultur«. »Kultur« in ihrer Breite und säkularen Verfassung ist vielmehr in seinem œuvre ein prominenter Gegenstand und eine Herausforderung ersten Ranges für Theologie und Kirche. Die Idee, dass Gestaltungsformen moderner autonomer Kultur, die selbst nicht unmittelbar als »religiös« in Erscheinung treten, gleichwohl einer theologischen Interpretation zugänglich sind, hat Paul Tillich als erster umfassend ausgearbeitet. Mehr noch: Er rechnete ernsthaft mit Fremdprophetie. In immer neuen Anstrengungen versuchte er die religiösen Gehalte der Kultur auch deswegen zu eruieren, weil er sich von dieser Arbeit heilsame Irritationen für eine allzu genügsame binnentheologische und binnenkirchliche Rekonstruktion des religiösen Gedankens versprach. Diese Anstrengungen waren im Unterschied zu anderen theologischen Lagern nicht in toto kulturkritisch imprägniert, gleichwohl religionskritisch und politisch keineswegs blind.

Auch nur ein oberflächlicher Blick in die Biographie Tillichs zeigt, dass u.a. urbane Kultur für Tillich der unerlässliche Nährboden solcher Anstrengungen war. Diesen Nährboden fand er zunächst in Berlin und Dresden. Und er suchte ihn dezidiert auch in Frankfurt am Main. Dorthin wurde er am 24. April 1929 in das Amt eines Ordentlichen Professors für Philosophie und Soziologie einschließlich Sozialpädagogik an die von der städtischen Bürgerschaft im Jahre 1914 gegründete Universität berufen. Seine Lehrtätigkeit begann damals in einer liberalen Bürgeruniversität, in der es noch keine Theologische Fakultät gab. Tillich war als Nachfolger des verstorbenen Philosophen Max Scheler berufen worden. Zu den ersten Hörern zählte Theodor W. Adorno, der sich dann 1931 begleitet von Tillich habilitierte.

Tillich hatte große Erwartungen an sein Wirken in einer urbanen Kultur. Als ein Mensch, der Geselligkeit und lebhaften persönlichen Austausch schätzte, fand der vielseitig interessierte Theologe in Frankfurt eine Fülle neuer Anknüpfungspunkte. Er betrieb seine Wissenschaft mit einem imponierend breiten interdisziplinären Horizont. Frankfurt hatte freilich damals auch einiges zu bieten: Da sind seine Kollegen, der Soziologe Karl Mannheim, der Historiker Ernst Kantorowicz, der später von Tillich häufig erwähnte Neurologe Kurt Goldstein und der Psychologe Adhemar Gelb, um nur diese zu nennen. Auch vom intensiven Kontakt mit Martin Buber, mit dem Tillich 1924 zum ersten Mal zusammentraf, hat er für seine Überlegungen zum religiösen Sozialismus sehr profitiert.[1]

All dies brach jäh ab, als 1933 die Nationalsozialisten unter Führung Adolf Hitlers ihr Gewalt- und Unrechtsregime errichteten und vor dem Frankfurter Rathaus (auf dem Römer) neben zahlreichen missliebigen Werken auch Tillichs »Sozialistische Entscheidung« aus dem Jahre 1933 verbrannt wurde. Tillich wurde von der Universität suspendiert und emigrierte auf Anraten seiner Kollegen und Freunde noch im gleichen Jahr in die USA. Es brauchte in Deutschland nach dem Ende des 2. Weltkriegs dann einige Zeit, Tillichs Theologie insgesamt wahrzunehmen und speziell seine Kulturtheologie und -philosophie nach Struktur, Genealogie und Implikationen zu rekonstruieren. Und diese Arbeit ist noch längst nicht abgeschlossen.

Von einer der dazu unternommenen Anstrengung gibt der vorliegende Band Zeugnis. Der Fachbereich Evangelische Theologie Frankfurt hat 2009 die *Tillich-Lectures Frankfurt* gestartet: Vorlesungen zur Theologie und zum theoretischen Impuls von Paul Tillich. Die Vorlesungsreihe will auf Tillichs Spuren und von den Impulsen Tillichs her heute Religion und Kultur in der nach-christlichen Gesellschaft bedenken. Dabei geht es weniger um Verwaltung des Erbes oder des archivalischen Nachlasses. Vielmehr wird der intellektuelle Impuls aufgenommen, der von Tillich ausging. Zugleich ist die Forschung und Lehre dieser nun 90 Jahre nach Tillichs kurzem Aufenthalt veränderten und weiterentwickelten Universität in intellektuelle Diskurse der Bürgergesellschaft einzubringen. Unser Bemühen geht einerseits dahin, auf diese Weise die Religionsforschung im welt-

1 Y. SPIEGEL, Gespräche. Paul Tillich in Frankfurt, in: I. NORD/Y. SPIEGEL (Hg.), Spurensuche. Lebens- und Denkwege Paul Tillichs (Tillich-Studien Bd. 5), Münster 2001, 153–170.

anschaulich und kulturell pluralen Rhein-Main-Raum zu intensivieren. Zum anderen trägt die Initiative dazu bei, die inneruniversitäre akademische Arbeit für die breitere Öffentlichkeit der Stadt zugänglich zu machen und den Wissenstransfer in die Gesellschaft wirkungsvoll zu unterstützen. Hierzu fand der Fachbereich in der Evangelischen Stadtakademie Römer 9 einen interessierten und aufgeschlossenen Partner. Den Start der *Tillich-Lectures Frankfurt* übernahm dankenswerterweise Prof. Dr. Peter Steinacker, ausgewiesener Tillich-Forscher und ehemaliger Kirchenpräsident der EKHN.

Die in diesem Band zusammengestellten Beiträge bieten Vorlesungen der Jahre 2010, 2011 und 2012. Sie leuchten Tillichs Kulturtheologie- und philosophie nach sehr verschiedenen Richtungen aus und führen zurück zu unterschiedlichen Perioden in Tillichs Œeuvre. Die Texte stellen eine für den Druck überarbeitete und z.T. erweiterte Fassung der seinerzeitigen Vorlesungen dar.

Prof. Dr. Rochus Leonhard (seinerzeit Hamburg, heute Leipzig) geht zusammen mit seinem Assistenten Dr. Georg Neugebauer dem Thema *Technik als Problem theologischer Kulturhermeneutik. Der Beitrag Paul Tillichs* nach. Tillichs Reflexion über das Kulturphänomen Technik reicht zurück bis in sein Denken vor dem 1. Weltkrieg. Dies wird im Text verfolgt bis in Tillichs späte Annäherung an Technik im Horizont einer Geisttheologie. Mit der Ambivalenz der Technik in Tillichs Denken tritt deutlich auch seine Sicht auf die Ambiguität von Kultur zutage. Dieser Beitrag schließt in der gesamttheologischen Bemühung um Kulturhermeneutik mit signifikanter Abstinenz zu Phänomenen der Technik eine Forschungslücke.

Prof. Dr. Michael Moxter, Hamburg, *Aus Bildern lernen? Tillichs Denkweg zwischen Theologie und Ästhetik* erörtert den Zusammenhang von Bilderfahrung und Begriffsbildung bei

Tillich. Moxters Blick hinter die Standardauskünfte zu Tillichs Rekonstruktion ästhetischer Erfahrung setzt ein beim Schlüsselerlebnis Tillichs vor einem Bild während des 1. Weltkriegs und liest von da aus dessen spätere theologische Erschließung des Expressionismus. Das alte theologische Thema der Macht der Bilder zeigt sich in neuer Virulenz. Der Überschuss der ästhetischen Erfahrung gegenüber dem Gedanken wird von Tillich nicht als direkter Verweis auf das Unbedingte gelesen, sehr wohl aber theoretisch und theologisch reformuliert. Formaufbau und Formzerstörung müssen dabei als kulturelle Gestaltwerdung einer Grundspannung identifiziert werden, die in traditioneller religiöser Terminologie als Dialektik von Sünde und Gnade gefasst war. Im Gegenzug erhellt Moxter mit Tillich zentrale dogmatische Topoi wie die Rechtfertigungslehre in ihrer Kraft zu »gegenwartserhellender Kulturdiagnostik« in einer ebenso »eigenwilligen wie produktiven Verknüpfung von kritischem Protestantismus, evangelischem Rechtfertigungsglauben und zeitgenössischer Bilderfahrung«.

Prof. Dr. Christian Danz, Wien (Vorsitzender der internationalen Tillich-Gesellschaft), bietet in seinem Beitrag *Vom natura sua Gott setzenden Bewusstsein zum Meinen des Unbedingten. Überlegungen zu Paul Tillichs Religionsphilosophie* eine systematische Reflexion zu Religion und Kultur in der Religionsphilosophie Tillichs. Dabei geht es um die methodischen Grundlagen von Tillichs komplexer Bestimmung des Verhältnisses von Religion und Kultur in dessen geisttheoretisch fundierter Religionsphilosophie und ihre Transformationen. Das Werden von Tillichs sinntheoretischer Bestimmung von Religion wird in dessen Auseinandersetzung mit dem Neukantianismus und mit der Phänomenologie E. Husserls und auch Simmels Lebensphilosophie als Basis seiner Kulturtheologie seit 1919 transparent. Damit bestimmt Danz die kulturelle Funktion von Religion in Tillichs Kulturphilosophie insgesamt als »Ort der Durchsichtigkeit des Kulturprozesses für sich selbst«.

So beleuchten alle drei Beiträge des Bandes jeweils unterschiedliche Facetten und Problemstränge von Tillichs Kulturtheologie. Die Themenschwerpunkte der drei Beiträge wurden dabei von den Autoren unabhängig voneinander bestimmt. Damit markiert das Themenspektrum des Bandes nicht nur die thematische Breite und Vielfalt von Tillichs Denken, nicht nur die originelle und in seiner Zeit mutige Erschließung von vielerorts eher randständigen Diskursen, sondern vor allem eine kulturtheologische Denkbewegung auf philosophische Grundorientierung hin. Und diese Denkbewegung verfolgt einen kritischen Grundzug, indem sie immer wieder in Erfahrung und Denken an Ambivalenz, Ambiguität und untergründige Abgründigkeit der Kultur führt. Nicht zuletzt erweist sich Tillich damit als ein in der gegenwärtigen Verfassung der Kultur höchst produktiver Gesprächspartner.

Zu danken ist den Kollegen Leonhardt, Neugebauer, Moxter und Danz für ihr Mitwirken an der Vorlesungsreihe und für ihre Beiträge zu diesem Band. Der Dank geht auch an die Partner in der EKHN, damals Stadtakademie, heute Ev. Akademie Frankfurt. Zu danken haben wir Herrn Prof. Wriedt und seiner studentischen Hilfskraft Annalena Stich für die Gestaltung des Layouts und das sorgfältige Lektorat. Danken möchten wir schließlich dem Verlag für seine Unterstützung auch dieses Bandes in der Fachbereichsreihe.

Frankfurt am Main 2014,
im 100. Jahr des Bestehens der Goethe-Universität,

für den Fachbereich Evangelische Theologie
Hans-Günter Heimbrock

Inhaltsverzeichnis

Rochus Leonhardt/Georg Neugebauer

Technik als Problem theologischer Kulturhermeneutik

Der Beitrag Paul Tillichs

1. Einleitung

Das Phänomen der Technik verweist auf ein **Spezifikum** der *conditio humana*. Die vom Menschen mit dem Ziel einer Verbesserung seiner Lebensbedingungen hervorgebrachten Artefakte sind keine abkömmliche Zugabe zu seiner Naturausstattung. Vielmehr hat die technisch-kulturelle Entwicklung beim Menschen diejenige Funktion übernommen, die bei nichtmenschlichen Lebewesen durch die biologische Evolution erfüllt wird. – »Die menschliche Kultur ist ein Notprogramm zum Ausgleich von biologischen Ausstattungsmängeln«, und »die instrumentelle Evolution« ist daher »die notwendige Kompensation nicht nur seiner *anfänglichen*, sondern erst recht seiner *endgültigen* biologischen Schwäche«[1]. Daraus folgt: Die Technik ist *unentbehrlich*.

Zugleich freilich ist die Technik auch ein *umstrittenes* Phänomen. Gerade in der Moderne führt insbesondere die Tatsache, dass Technik nicht nur Probleme löst, sondern auch Probleme aufwirft, zur Kritik an bestimmten technischen Lösungen – obgleich diese Kritik zumeist im Namen einer Alternativtechnik vorgetragen wird (Nutzbarmachung regenerativer Energiequellen statt Nutzung von Atomenergie).

1 H. BLUMENBERG, Beschreibung des Menschen. Aus dem Nachlaß herausgegeben von Manfred Sommer, Frankfurt a. M. 2006, 552.

Ihre anthropologische Unentbehrlichkeit und ihre Umstrittenheit bilden die Motivhintergründe des vielfältigen Nachdenkens über die Technik. Dessen Anfänge lassen sich bis in die Antike zurückverfolgen[2]. Der Durchbruch zur Auffassung der technischen Weltgestaltung als Realisierung der menschlichen Daseinsbestimmung wurde in der frühen Neuzeit vor dem Hintergrund eines gewandelten Natur- und Wissenschaftsverständnisses angebahnt; der hierfür einschlägige Autor ist Francis Bacon[3]. Zu einer eigenständigen Thematisierung der Technik als eines philosophischen Problems kam es nochmals deutlich später, nämlich erst nach der industriellen Revolution. Und schon in den ersten einschlägigen Entwürfen der Technikphilosophie (vgl. dazu die Hinweise in Abschnitt 2) macht sich das gerade gegenwärtig virulente Bewusstsein einer Ambivalenz der Technik geltend.

Der Blüte der Technik*philosophie* im 20. Jahrhundert[4] steht im Bereich der *(evangelischen) Theologie* eine weitgehende Abstinenz gegenüber. Technik wird im 20. Jahrhundert, so eine aktuelle Lageeinschätzung, »entweder im Konzert der allgemeinen Kulturkritik als rein immanenter Antipode

2 Vgl. H. SCHNEIDER, Das griechische Technikverständnis. Von den Epen Homers bis zu den Anfängen der technologischen Fachliteratur, Darmstadt 1989 (Impulse der Forschung 54).

3 Vgl. dazu – pars pro toto – die Hinweise bei H. BLUMENBERG, Die Legitimität der Neuzeit. Erneuerte Ausgabe, Frankfurt/M. [2]1988, 440–470, bes. 447–456; O. HÖFFE, Moral als Preis der Moderne, Frankfurt/M. 1993, 49–72.

4 In einem von C. HUBIG, A. HUNING und G. ROPOHL herausgegebenen höchst informativen Handbuch werden insgesamt 84 technikphilosophische Entwürfe behandelt, die zwischen 1910 und 1994 entstanden sind (Nachdenken über Technik. Die Klassiker der Technikphilosophie, Berlin [2]2001).

des wahren in der Transzendenz gegründeten Lebens verstanden, oder sie wird gar nicht bedacht«[5].

Allerdings gibt es hier eine bemerkenswerte Ausnahme. Es handelt sich um den Beitrag, den Paul Tillich zu diesem Thema geleistet hat[6]. Tillichs Interesse an einer gedanklichen Bewältigung des Phänomens der modernen Technik aus kulturphilosophischer und theologischer Perspektive war bereits vor dem Ersten Weltkrieg erwacht und lässt sich bis in das Spätwerk hinein verfolgen; dies wird in Abschnitt 3 gezeigt, dem Herzstück des vorliegenden Textes. Zuvor werden, um den zeitgenössischen technikphilosophischen Horizont ein wenig auszuleuchten, zwei klassische Entwürfe skizziert (2). Ein kurzes Resümee schließt den Beitrag ab (4).

---

5 C.SCHWARKE, Einleitung, in: ders./K. NEUMEISTER /P. RENGER-BERKA, Technik und Transzendenz. Zum Verhältnis von Technik, Religion und Gesellschaft, Stuttgart 2012, 9-17: 12.

6 Vgl. S. WENDE, Techniktheorie in evangelischer Perspektive. Eine theologische Untersuchung zur Realtechnik und ihren Grundrelationen, Münster [u.a.] 2001 (Entwürfe zur christlichen Gesellschaftswissenschaft 12), 187ff.

2. Klassische Ansätze der Technikphilosophie

2.1 Ernst Kapp – Technik als Organprojektion

Mit seinen 1877 publizierten »Grundlinien einer Philosophie der Technik« wurde der Linkshegelianer Ernst Kapp (1808–1896) zum Begründer der modernen Technikphilosophie[7]. Den Ausgangspunkt von Kapps anthropologisch fundiertem Technikbegriff bildet die Betonung der Leiblichkeit für das Selbst des Menschen. Im philosophischen Verständnis habe nämlich dieses Selbst »aufgehört, Inbegriff eines nur geistigen Verhaltens zu sein« (2). Selbstbewusstsein manifestiert sich daher nach Kapp immer auch als Leibbezüglichkeit[8].

Damit ist der philosophische Hintergrund seiner berühmten Organprojektionsthese beschrieben. Die These selbst behauptet dann, dass die für das Selbstbewusstsein des Menschen, für die *innerliche* Wahrnehmung seiner selbst konstitutive Leibbezüglichkeit auch für sein Verhältnis zur *Außenwelt* wesentlich ist. Die Außenwelt begegnet dem Menschen nämlich nicht nur als Natur, sondern immer

---

7 E. KAPP, Grundlinien einer Philosophie der Technik. Zur Entstehungsgeschichte der Cultur aus neuen Gesichtspunkten, Braunschweig 1877 (Neudr. Düsseldorf 1978; danach die Seitenangaben im Text).

8 Die Hervorhebung der Leiblichkeit als eines wesentlichen anthropologischen Moments ist für den Linkshegelianismus typisch. Vgl. L. FEUERBACH, Grundsätze der Philosophie der Zukunft (1843), in: ders., Kleinere Schriften 2: 1839–1846, hg. v. W. SCHUFFENHAUER, Berlin 21982 (=Gesammelte Werke, Bd. 9), 264–341: 319f (§ 36): »Wenn die alte Philosophie zu ihrem Ausgangspunkt den Satz hatte: Ich bin ein abstraktes, ein nur denkendes Wesen, der Leib gehört nicht zu meinem Wesen; so beginnt dagegen die neue Philosophie mit dem Satze: Ich bin ein wirkliches, ein sinnliches Wesen: der Leib gehört zu meinem Wesen; ja der Leib in seiner Totalität ist mein Ich, mein Wesen selber«.

auch als Kultur: als der Bereich der Artefakte. Und in der Außenwelt als Kultur erkennt der Mensch sich selbst, sofern sie »als reale Fortsetzung des Organismus und als Hinausverlegung der inneren Vorstellungswelt begriffen« wird (26). Dies heißt konkret, dass alle technischen Artefakte, von den einfachsten Werkzeugen bis zu den hochstufigen Erfindungen der technischen Kultur, letztlich nichts anderes sind als die ins äußere verlegte Leiblichkeit des menschlichen Selbst.

Im Blick auf die Technikentwicklung unterscheidet Kapp grob gesagt zwei Stufen. Auf der ersten Stufe besteht eine offensichtliche Ähnlichkeit zwischen natürlichem Organ und künstlichem Werkzeug, die sich sowohl auf die *Form* wie auf die *Bewegungsweise* bezieht. So gilt der »Vorderarm mit zur Faust geballter Hand oder mit deren Verstärkung durch einen faßbaren Stein« als »der natürliche Hammer« (42); »die Schneide der Werkzeuge« ist dagegen »in den Nägeln der Finger und den Schneidezähnen« vorgebildet (43). Durch die Kombination von Wucht und Schärfe entstehen weitere Werkzeuge (Beil und Axt, Bohrer, Feile, Säge, Beißzange, Schraubstock; vgl. 43). Wie die Form, so steht auch die Bewegungsweise der einfachen Werkzeuge mit der der natürlichen Organe des Menschen in Zusammenhang: »Die Bewegung des Handwerkszeuges ist die Fortsetzung der Hand- und Armbewegung durch Ueberleitung derselben auf die technische Verlängerung, die in Form eines Gliedansatzes an das Organ stattfindet« (61)[9].

9 Dabei ist nach Kapp von Bedeutung, dass die Technik, die zunächst eine Außenverlegung menschlicher Organizität darstellt, wiederum zum Anhaltspunkt für die physiologische Erklärung innerkörperlicher Vorgänge dient. Dafür verweist er u.a. auf G. H. MEYER, Die Statik und Mechanik des menschlichen Knochengerüstes, Leipzig 1873, ein Text, in dem die an menschlichen Artefakten abgelesenen Gesetze der Mechanik zur Erklärung organischer Bewegungsvorgänge herangezogen werden (vgl. 64).

Bei der zweiten Stufe der Organprojektion liegt statt der vordergründigen Ähnlichkeit der ersten Stufe lediglich eine allgemeine Analogie vor. Als die für den Übergang zur zweiten Stufe wesentliche Zäsur gilt Kapp die Erfindung der Dampfmaschine, wobei die Verbindung dieser Innovation mit der Mobilität in Gestalt von Eisenbahn und Dampfschiff entscheidend war. Grundsätzlich hat die Dampfmaschine mit der menschlichen Leibesgestalt kaum etwas gemein, aber die Umsetzung von Brennmaterial in Wärme und Bewegung kann als Abbild der (tierischen und) menschlichen Ernährung gelten. Hinzu kommt: Die »Vereinigung der Schienenwege und Dampferlinien zu einem geschlossenen Ganzen«, also das »Netz von Verkehrs*adern*« kann als »das Abbild des Blutgefäßnetzes im Organismus« verstanden werden (135).

Die Darstellung des technikphilosophischen Ansatzes von Kapp sei hier abgebrochen. Es ist lediglich eine allgemeine Beobachtung zu ergänzen. Kapp hat die Entwicklung der Technik zwar anthropologisch fundiert, ihr aber zugleich einen quasi-religiösen Charakter zuerkannt. Doch während Richard Rothe die »Erfindung der Dampfwagen und der Schienenbahnen« noch als einen Beitrag zum »Reiche Christi« verstehen konnte[10], wird die moderne Technik bei Kapp mit Hilfe einer *säkularen* Providenzlehre und Soteriologie interpretiert. Sie kommt zu stehen als der Umweg, auf dem der Mensch seine »Selbsterlösung [...] zum höheren Denk- und Selbstbewusstsein« realisiert (26). Ihre »grossen Erfindungen« sind daher »Producte fortgesetzten Sichfin-

10 Vgl. Stille Stunden. Aphorismen aus Richard Rothe's handschriftlichem Nachlaß, Wittenberg 1872, 344f: »Ich lebe allerdings in der festen Überzeugung, daß dem Reiche Christi die Erfindung der Dampfwagen und der Schienenbahnen eine weit bedeutendere positive Förderung geleistet hat, als die Ausklügelung der Dogmen von Nicäa und Chalcedon«.

dens nach einem anfänglich unbewußten Ziele hin« (134), das in einem gegenüber dem vor-technischen Stadium vertieften Selbstverständnis des Menschen besteht. – »Hervor aus Werkzeugen und Maschinen, die er geschaffen, aus den Lettern, die er erdacht, tritt der Mensch, der Deus ex Machina, Sich Selbst gegenüber« (351).

2.2 Julius Goldstein – Die Folgelasten der Technik

Während Kapp im Horizont eines linkshegelianischen Idealismus die Technik ausschließlich als Instrument der Bereicherung menschlichen Selbstverständnisses und Weltumgangs erfassen konnte, hat der jüdische Soziologe, Kulturwissenschaftler und Philosoph Julius Goldstein in einem im Jahr des Untergangs der Titanic publizierten Text die – heute zunehmend im Bewusstsein stehenden – humanitätsdestruktiven Aspekte der modernen Technikentwicklung thematisiert[11].

Den Einsatzpunkt von Goldsteins Überlegungen bildet eine Kritik der Voraussetzung, von der Francis Bacons Utopie »Nova Atlantis« (1624) getragen war. Sie bestand, so Goldstein, »in dem Glauben, [...] daß die technische Rationalisierung des Daseins von selbst das Leben von allem Problematischen befreien und einen immer vollkommeneren Zustand der Gesellschaft hervorbringen müsse« (8). Diese Voraussetzung enthält zwei Irrtümer: »1. Neue Erfindungen erzeugen selbst immer neue Probleme. 2. Der Vervollkommnung der Technik geht nicht eine sittliche Vervoll-

11 J. GOLDSTEIN, Die Technik, Frankfurt/M. 1912 (danach die Seitenangaben im Text). Der lediglich 73 Seiten umfassende Text ist erschienen als Band 40 einer von Martin Buber unter dem Titel »Die Gesellschaft« herausgegebenen Sammlung allgemeinverständlicher sozialpsychologischer Monographien.

kommnung des Menschen parallel« (12f). Aus dieser Fehlerdiagnose ergibt sich das Ziel von Goldsteins Überlegungen: »Zur dynamischen und ökonomischen Betrachtungsweise der Technik muß eine sozialpsychologische und sozialethische hinzukommen« (13).

Die Ambivalenz der Technik wird an verschiedenen Themenfeldern durchdekliniert, von denen hier nur zwei skizziert seien. Der *erste* Punkt betrifft die mit der Technik verbundenen Schadenspotentiale. Zwar spiele, so Goldstein, angesichts der Gefährdungspotentiale der Maschinentechnik die Betriebssicherheit eine zunehmend wichtige Rolle. Zugleich aber hat »die Häufung automatischer Sicherheitsvorrichtungen [...] eine merkwürdig entgegengesetzte Wirkung auf das Verantwortlichkeitsgefühl. Dieses wird einerseits gesteigert und gestärkt, andererseits aber können die automatischen Sicherungen die Achtsamkeit einlullen und das Verantwortlichkeitsgefühl des Führerpersonals schwächen« (28). – Insofern ist das Thema Betriebssicherheit nicht nur ein rein *technisches*, sondern »auch ein *ethisches* Problem und verlangt das Vorhandensein eines sozial-ethischen Gemeingefühls« (31; Hervorh. von den Autoren). Als *zweites* Beispiel seien Goldsteins hellsichtige Hinweise zur menschlichen Bedürfnisstruktur genannt. Danach schaukeln sich einerseits technische Entwicklung und menschliche Bedürfnisstruktur gegenseitig hoch: »Aus jedem Bedürfnis, das befriedigt wurde, erwächst eine große Anzahl neuer Bedürfnisse« (43)[12]. Andererseits ist die durch die Technik forcierte Bedürfnissteigerung nicht nur »ein Zeichen menschlicher Macht«, sondern die Technik hat zugleich insofern »ein

12 Insofern besteht der »Fehler aller neueren Utopien« in dem Glauben an einen Zustand der Gesellschaft, »in dem die Technik ein unveränderliches Maß von Bedürfnissen zu befriedigen imstande ist« (45f).

neues Phänomen der Abhängigkeit erzeugt«, als die Gesellschaft niemals »empfindlicher gegen wirtschaftliche Störungen [war] als heute im Zeitalter der Technik« (47f).

Goldstein versteht die Technik also, ungeachtet der unbestrittenen Rationalisierungserfolge sowie der Planbarkeits- und Freiheitsgewinne für den Menschen, als eine Art (inoffizielle) »Wiederkehr des Schicksals«[13]: »Je mehr die eine Epoche das Dasein technisch rationalisiert, um so größer wird die Summe der Irrationalitäten in der nächsten« (66). Mit diesem Verständnis ist die Ablehnung eines einlinigen Fortschrittskonzepts verbunden. Stattdessen wird die sittliche Neutralität der nackten Technik betont: »Die Technik, die den Geist zum Siege über die Materie geführt hat, kann ihm auch leicht zum Verhängnis werden« (72). Deshalb bedarf es, und diese Feststellung kann als zentrale Pointe der Überlegungen Goldsteins gelten, einer Bildungsarbeit, die die technische Entwicklung moralisch flankiert. Dies ist nach Goldstein nicht zuletzt auch eine Herausforderung für die technische Ausbildung selbst: »[A]uf der Hochschule [muß] dem jungen Techniker Möglichkeit und Zeit gegeben werden, außer seinen Fachvorlesungen auch solche zu hören, die wie Geschichte, Philosophie und Ethik, eine veredelnde Wirkung auf seinen inneren Menschen und eine Erweiterung seines geistigen Horizontes herbeizuführen in der Lage sind« (35).

---

13 Vgl. dazu: O. MARQUARD, Ende des Schicksals? Einige Bemerkungen über die Unvermeidlichkeit des Unverfügbaren (Vortrag in der Carl-Friedrich-von-Siemens-Stiftung in München am 21. Juni 1976), in: ders., Abschied vom Prinzipiellen. Philosophische Studien, Stuttgart 1981, 67–90: 75; vgl. auch den ganzen Zusammenhang 75–85.

3. Die Position Paul Tillichs

3.1 Tillichs frühes Technikverständnis – Technik und Reich Gottes

Nur ein Jahr nach dem Erscheinen der Goldbergschen Schrift setzt sich der damals 27jährige Tillich erstmals mit dem Begriff der Technik auseinander. Diese Auseinandersetzung hat sich in seiner postum erschienenen »Systematischen Theologie von 1913«[14] niedergeschlagen, ein Entwurf, der Tillichs Willen zum System eindrucksvoll dokumentiert. Der Technikbegriff wird im ersten (Apologetik) und im dritten Systemteil (Ethik) verhandelt. In letzterem ist ihm ein eigener Paragraph – »Technik und Reich Gottes« (416-418) – gewidmet. Die Differenz zwischen beiden Vorkommnissen läßt sich in einem ersten Zugriff dahingehend markieren, daß der Technikbegriff im ersten Teil als *kulturphilosophische* Kategorie zu stehen kommt. Im dritten hingegen wird er einer *kulturtheologischen* Analyse unterzogen. Den verschiedenen Systemstellen entsprechend ist der Technikbegriff unterschiedlich akzentuiert. Die wichtigsten Elemente sollen hier kurz zur Sprache gebracht werden.

In der Apologetik unternimmt Tillich den Versuch einer identitätsphilosophisch konnotierten Wesensbestimmung des menschlichen Geistes[15]. Unter den hier nicht weiter zu erörternden Prämissen dieses Unternehmens baut der Technikbegriff auf dem der Kultur auf. Die Kultur repräsentiert – neben Sittlichkeit und Religion – eine Realisationsge-

14 Vgl. P. TILLICH, Systematische Theologie von 1913, in: ders., Frühe Werke, hg. v. G. HUMMEL und D. LAX, Berlin/New York 1998 (= Ergänzungs- und Nachlaßbände zu den Gesammelten Werken Paul Tillichs, Bd. IX), 273-434; danach die Seitenangaben im Text.

15 Tillich bezeichnet diesen Standpunkt als den der »Intuition« (278).

stalt des als Freiheit spezifizierten Geistes. Als Kultur tritt der Geist in Erscheinung, wenn er sich »unmittelbar als naturbestimmend setzt« (289). Tillich unterteilt die Kultur in insgesamt drei Bereiche: die »sachliche Kultur«, die »objektive und subjektive Geisteskultur« (289). Der Technikbegriff ist mit dem der sachlichen Kultur verwoben, mit dem sich Tillich eines Ausdrucks bedient, den Georg Simmel in verschiedenen Publikationen des Jahres 1900 lancierte[16].

Im Hinblick auf das Naturverhältnis des autonomen Geistes im Bereich der sachlichen Kultur heißt es: »In der sachlichen Kultur bleibt die Natur Natur, aber als Mittel der Freiheit (Technik)« (299). Diese dichte Formulierung lässt sich dahingehend auslegen, dass die Technik für die Instrumentalisierung der Natur steht. Als ein Instrument der Freiheit kann sie begriffen werden, weil sich der Geist durch die Technik von der Naturgebundenheit des Menschen emanzipiert. Insofern die Befreiung von der Natur letztere voraussetzt, bleibt sie trotz ihrer Instrumentalisierung das, was sie ist, nämlich Natur. Über diese im Spannungsfeld von Kultur und Natur stehende Spezifikation gehen Tillichs Erörterungen zum Technikbegriff der Apologetik jedoch nicht hinaus.

Für den Technikbegriff im dritten Hauptteil, der Ethik, sind zwei Voraussetzungen wichtig. *Zum einen* wird die

---

16 Vgl. G. SIMMEL, Philosophie des Geldes (1900/1907), hg. v. D. P. FRISBY und K. C. KÖHNKE, Frankfurt/M. 1989 (= Georg Simmel Gesamtausgabe, Bd. 6), 618ff; ders., Persönliche und sachliche Kultur, in: D. P. FRISBY /K. C. KÖHNKE (Hg.), Aufsätze und Abhandlungen 1894–1900, Frankfurt/M. 1992 (= Georg Simmel Gesamtausgabe, Bd. 5), 560–582. Simmel fasst unter den Ausdrücken sachliche und persönliche Kultur die »Kultur der Dinge« und die »Kultur der Menschen«. Daran scheint sich auch Tillichs kulturphilosophische Binnendifferenzierung zu orientieren. Der subjektiven und objektiven Geisteskultur sind sodann »Kunst und Wissenschaft« auf der einen und »Sitte, Recht« (289) auf der anderen Seite zugeordnet.

Technik – der Überschrift »Die Anwendung des theologischen Prinzips auf das Geistesleben der Menschheit« entsprechend – nach Maßgabe des sogenannten theologischen Prinzips erörtert, womit einer der Spitzenbegriffe des 1913er Systems in den Blick kommt. Das theologische Prinzip steht für das Prinzipiengefüge dreier Momente, denen Tillich traditionelle Vorstellungen des Christentums zuordnet: das abstrakte Moment (Rechtfertigung), das konkrete Moment (Christologie) und die prozessual gedachte Einheit beider Momente in Gestalt des Reiches Gottes. Sie bilden die prinzipiellen Grundlagen der kulturtheologischen Analyse der drei Formen geistiger Selbstauslegung (Religion, Sittlichkeit und Kultur).

Zum anderen ist der spezifische Blickwinkel zu berücksichtigen, unter dem Tillich den Geistbegriff und damit auch den der Technik im dritten Systemteil in Augenschein nimmt. Das gesamte Geistesleben wird unter den Bedingungen eines nicht nur logischen sondern realen Widerspruchs betrachtet, der auf die »Dialektik der Reflexion« (321) zurückzuführen sei[17]. Tillich spricht an dieser Stelle auch von der »Not« (315), in der sich der Geist – vom Standpunkt der Reflexion aus gesehen – befindet. Bezogen auf die sachliche Kultur spezifiziert er diese Not als »die Knechtung des Geistes an die Welt durch Beherrschung der Welt.« (416). Tillich diagnostiziert somit an dieser Stelle eine Aporie geistiger Selbstauslegung, die eben dann aufbricht, wenn sich der Geist in einem rein technischen Verhältnis zur Welt bzw. Natur befindet.

17 Tillich spricht von der »Kritik der Reflexion an den Synthesen des absoluten Standpunktes. Und um dieser Kritik willen ist die theologische Ethik da. Sie hat darum die Probleme in der Form aufzunehmen, in die sie durch die Reflexion gebracht sind.« (392).

Ausgehend von dieser Bestimmung des Technikbegriffs wendet Tillich alle drei Momente des theologischen Prinzips auf denselben an. Unter den Prämissen des ersten, abstrakten Moments (Rechtfertigung) stellt Tillich – fast im Geist Richard Rothes formuliert – fest: »Das theologische Prinzip rechtfertigt die sachliche Kulturarbeit (Technik), indem es die Offenbarung Gottes in ihr anschaut« (416). Vor dem Hintergrund des zweiten, konkreten Moments (Christologie) betrachtet, tritt die Technik unter den Bedingungen des geschichtlich Konkreten in den Blick und steht – wie Tillich formuliert – für die Befreiung des Geistes aus »den Banden des tierischen Daseins« (417). Im Horizont dieser Annahme stelle sie die Möglichkeitsbedingung aller Dimensionen des Geistes dar, die wiederum als Realisationsmedien des Reiches Gottes begriffen werden sollen (vgl. 417). »Das Reich Gottes könnte sich nicht realisieren ohne sie.« (417). Aber auch wenn die Technik auf diesem Wege in den »Dienst des Reiches Gottes« trete, könne das »Relativitätsverhältnis im Konkreten« (417) nicht überwunden werden. Tillich spricht hier analog vom »Dienst der Sündhaftigkeit« (417), was gleichbedeutend damit ist, dass die negativitätslogischen Implikationen des für die theologische Ethik maßgeblichen Widerspruchs- bzw. Differenzstandpunkts nicht synthetisiert werden können. Dass der Geist jedoch nicht an der sachlichen Kultur verzweifeln müsse, begründet Tillich anhand des dritten Moments des theologischen Prinzips. Dieses ermögliche eine Sichtweise auf die Technik, in der sie »als ewiges Moment des Gottesreichs mit dem Reiche Gottes zur Vollendung geführt wird« (418).

Tillichs theologische Ethik des 1913er Systems, in dem das theologische Prinzip auf die Dimensionen des Geistes zur Anwendung kommt, kann als Keimzelle seines späteren kulturtheologischen Programms begriffen werden. In ihrer Durchführung erweist sie sich jedoch an vielen Stellen als ausgesprochen schematisch. Das gilt auch für den Technikbegriff, den er weitgehend unkritisch mit Grundvorstellungen des Christentums verknüpft. Diese Verbindungslinien sind teilweise nur schwer nachvollziehbar. Daher ist es auch weniger die spezifische Fassung des frühen Technikbegriffs Tillichs als vielmehr dessen Vorkommen überhaupt, das aufmerken lässt. Dass Tillich einen eigenen Paragraphen zum Thema »Technik und Reich Gottes« (416) entwirft, muss insofern als ausgesprochen bemerkenswert angesehen werden, als die Diskussion um den Technikbegriff zu dieser Zeit in der Theologie de facto noch gar nicht angekommen war, sodass Tillich zu den Pionieren einer theologischen Technikdeutung gehört. Dies bestätigt auch die weitere Entwicklung seines Denkens. Doch während er in seinem frühen System noch der Überzeugung ist, das Phänomen der modernen Technik mit der Symbolsprache des Christentums vermitteln zu können, kommt es nach dem Ersten Weltkrieg zu nicht unerheblichen Verschiebungen in der Beurteilung der Technik.

3.2 Die Neuausrichtung des Technikverständnisses – Tillichs Suche nach dem Sinn der Technik

Mit der Umstellung der begrifflichen Grundlagen seines Systems während des Ersten Weltkriegs tritt das bereits 1913 angedachte kulturhermeneutische Programm aus dem Schatten seiner spekulativen Interessen der Vorkriegsjahre heraus und etabliert sich als Leittheorie seines Denkens. Tillichs Kulturtheologie zielt darauf, »die gesamten Gegebenheiten des kulturellen Lebens, die vergangenen und gegenwärtigen, auf ihren religiösen Gehalt zu prüfen«[18]. Vor allem seine gegenwartsdiagnostischen Reflexionen zollen der Endlichkeitsdimension der humanen Kulturwirklichkeit größeren Tribut, als es noch vor dem Ersten Weltkrieg der Fall war. Tillich entwickelt sich in diesen Jahren mehr und mehr zu einem Theoretiker der Endlichkeit. Damit gehen signifikante Verschiebungen in der Beurteilung von Kulturerscheinungen einher. Das belegt nicht zuletzt sein Verständnis der Technik und damit einhergehend des technischen Geistes nach dem Ersten Weltkrieg, das sich in besonders prägnanter Weise in seiner Vorlesung »Der religiöse Gehalt und die religionsgeschichtliche Bedeutung der abendländischen Philosophie seit der Renaissance« (1921) herauskristallisiert[19].

In dieser Vorlesung interpretiert Tillich die Zeit von der Renaissance bis zur Aufklärung als einen Prozess der Durchsetzung des technischen Geistes auf allen Kulturgebieten. Wie bereits vor dem Ersten Weltkrieg bescheinigt er der Technik in diesem Zusammenhang erneut eine Zweigesichtigkeit. Die »technisch-rationalistische Tötung der Welt«[20]

---

18 P. TILLICH, Das Christentum und die Gesellschaftsprobleme der Gegenwart (1919), in: ders., Berliner Vorlesungen I (1919–1920), herausgegeben und mit einer historischen Einleitung versehen von E. STURM, Berlin/New York (= Ergänzungs- und Nachlaßbände zu den Gesammelten Werken Paul Tillichs, Bd. XII), 27–258: 68.

19 Vgl. dazu G. NEUGEBAUER, Paul Tillich und die Dialektik der Aufklärung, in: U. BARTH/C. DANZ/F. W. GRAF/W. GRÄB (Hg.), Aufgeklärte Religion und ihre Probleme. Schleiermacher – Troeltsch – Tillich, Berlin/New York 2013, 477–512.

20 P. TILLICH, Der religiöse Gehalt und die religionsgeschichtliche Bedeutung der abendländischen Philosophie seit der Renaissance (1921), in: ders., Berliner Vorlesungen II (1920–1924), herausgegeben und mit einer historischen Einleitung versehen von E. STURM, Berlin/New York (= Ergänzungs- und Nachlaßbände zu den Gesammelten Werken Paul Tillichs, Bd. XIII), 199–406: 336.

artikuliere sich einerseits in der Herrschaft des Menschen über die Natur. Andererseits hält Tillich aber fest: »die tote Natur tötete schließlich den Sieger selbst.«[21] Ohne Max Weber explizit zu nennen, spezifiziert Tillich diese Entwicklung als einen Rationalisierungsprozess, der die Entzauberung der Welt vorangetrieben habe[22].

Tillichs Überlegungen zu diesem Thema bleiben dabei jedoch nicht stehen, sondern werden im Laufe der 20er Jahre weiterentwickelt. Neben der Wirtschaft und der Naturwissenschaft gehört die Technik nun zur Grundsignatur der Welt der – wie Tillich gerne sagt – in sich geschlossenen Endlichkeit. Diese »Dreieinigkeit«[23] kann als das Fundament des technischen Zeitalters angesehen werden. Indem Tillich diesem Zeitalter immer wieder den Zusammenhang von Naturbeherrschung und Sinnverlust bescheinigt, wird der technische Geist zum Krisensymptom par excellence. Die spezifische Signatur der Technik scheint ihn nun in besonderer Weise dazu herausgefordert zu haben, deren religiöse Tiefenschichten auszuloten. Erste in diese Richtung gehende Versuche lassen sich in Publikationen identifizieren, die Tillich als Inhaber der Professur für Religionswissenschaft an der Technischen Hochschule in Dresden anfertigt: »Logos und Mythos der Technik« (1927)[24] sowie »Die technische Stadt als Symbol« (1928)[25].

---

21 A.a.O., 272.

22 A.a.O., 363.

23 P. TILLICH, Die religiöse Lage der Gegenwart (1926), in: ders., Die religiöse Deutung der Gegenwart. Schriften zur Zeitkritik, hg. v. R. ALBRECHT, Stuttgart 1968 (= Gesammelte Werke, Bd. X), 9–93: 17.

24 P. TILLICH, Logos und Mythos der Technik (1927), in: ders., Die religiöse Substanz der Kultur. Schriften zur Theologie der Kultur, hg. v. R. ALBRECHT, Stuttgart 1975 (= Paul Tillich Gesammelte Werke, Bd. IX), 297–306; danach die Seitenangaben im Text.

25 P. TILLICH, Die technische Stadt als Symbol (1928), in: ders., Die religiöse Substanz der Kultur. Schriften zur Theologie der Kultur,

Tillichs Darlegungen zum Technikbegriff in dem aus Anlass des 90. Gründungstages jener Hochschule erschienenen Aufsatz von 1927 setzen mit der Annahme ein, dass es sich bei der Technik um eine universale Größe handele (vgl. 297). Dementsprechend sei sie nicht allein eine Ausdrucksgestalt der Kulturwirklichkeit. Vielmehr ist Tillich der Überzeugung, dass auch von der Natur angenommen werden müsse, sie handele technisch. Diese Entschränkung des Technikbegriffs ist seiner spezifischen Fassung geschuldet. Denn von Technik müsse überall dort gesprochen werden, wo »Zwecke verwirklicht werden« (297) und das gelte auch für die Natur. Gleichwohl gilt Tillichs Interesse zuvörderst den kulturellen Erscheinungsformen von Technik.

Bezogen auf die Ebene geistigen Lebens skizziert Tillich eine Typologie von Technikbegriffen: die »entfaltende Technik« (298), die »verwirklichende Technik« (299) und die »umgestaltende Technik« (299). Erstere diene der Entfaltung dessen, was in biologischen, seelischen und sozialen Gestalten angelegt sei, was sie mit der Naturtechnik wahlverwandt mache. Der zweite Techniktyp zeichne sich demgegenüber durch eine strikte Bezogenheit auf den menschlichen Geist aus. Er besitze die Funktion, dem Geist zur Existenz zu verhelfen. Mit der umgestaltenden Technik entfaltet Tillich einen Techniktyp, der nicht mehr in Kontinuität

---

hg. v. R. ALBRECHT, Stuttgart 1975 (= Paul Tillich Gesammelte Werke, Bd. IX), 307–311. Dass dieses Vorhaben nicht allein dem genius loci geschuldet war, belegen darüber hinaus zwei im Nachlass erhaltene Projektskizzen, die Tillich in seiner Frankfurter Zeit entworfen hat: »Religion und Technik« (1929/1930) sowie »Der natürlich-schöpfungsmäßige und geschichtlich-eschatologische Sinn der Technik« (1929/1930), in: ders, Religion, Kultur, Gesellschaft. Unveröffentlichte Texte aus der deutschen Zeit (1908–1933). Zweiter Teil, hg. v. E. STURM, Berlin/New York 1999 (= Ergänzungs- und Nachlaßbände zu den Gesammelten Werken Paul Tillichs, Bd. XI), 248–249. 250–251.

sondern in Diskontinuität zu den unterschiedlichen Dimensionen des Lebens steht. »Sie schafft Gebilde, die allein durch den Zweck bestimmt sind, und gebraucht einen Stoff, der diesem Zweck völlig fremd ist. Sie entfaltet nicht, sondern sie zerstört lebendige Zusammenhänge.« (299). Tillichs weitere Ausführungen legen das Augenmerk auf diesen dritten Technikbegriff, was nicht zuletzt darin seinen Grund hat, dass dessen Geist das »technische Zeitalter« geschaffen habe, »dem wir angehören« (299). Wenn im Titel seines Beitrags Logos und Mythos der Technik angesprochen sind, dann beziehen sich beide Aspekte auf die umgestaltende Technik.

Die »logische Struktur« (299) technischer Gebilde umfasst für Tillich zum einen eine »unbedingte Zweckbestimmung« (299). Die spezifisch technische Existenzform dieser Gebilde gründe vollständig auf ihrem Zweck. Daher verlieren sie ihre technische Qualität in dem Augenblick, in dem sie ihres Zwecks verlustig gehen. »Mit dem Zweck fällt die technische Seinsform eines Dings.« (299). Auf der Zweckbestimmung des technischen Gebildes baut zum anderen die »unbedingte Rationalität« (299f) desselben auf. Vor dem Hintergrund des Zweck- und des Rationalitätskriteriums technischer Gebilde skizziert Tillich in ausgesprochen groben Zügen die Grundelemente eines »Systems der Technik« (300), das zu entfalten erforderlich wäre, um jene logische Form vollständig umreißen zu können.

An die Entfaltung der Logik der Technik schließen sich Ausführungen zum Mythos derselben an, mit dem Tillich die Ebene der religiösen Sinndeutung der Technik betritt. Es gehe nun um die Frage nach ihrer Stellung »in unserem letzten Lebenssinn« (304), womit nichts anderes als der für Tillichs Religionstheorie grundlegende Begriff des unbedingten Sinns in den Blick kommt. Doch wie bereits auf der ersten Seite seines Vortrags angekündigt, lediglich »Hinweise auf den Lebenssinn der Technik, auf ihren Platz im Mythos unseres Lebens« (297) geben zu können, erklärt er auch hier, sich auf »wenige [...] Andeutungen« (304) beschränken müssen. Dass einem solchen Unternehmen massive Grenzen gesetzt sind, begründet Tillich mit Blick auf die religiöse Lage seiner Gegenwart, die sich durch einen »verborgenen symbollosen Mythos, der unsere Zeit trägt und ihr einen Sinn gibt« (304), auszeichne. Unter diesen Voraussetzungen hält Tillichs es für ausgesprochen schwierig, die Technik einer kulturtheologischen Deutung zu unterziehen. – Diese voraussetzungsreichen und ausgesprochen dicht formulierten Zugangsreflexionen zur religiösen Sinndeutung der Technik müssen vor dem Hintergrund von Tillichs geistphilosophischem Religionsbegriff verstanden werden. Tillich ist bekanntlich der Überzeugung, dass es keine religionslose Kultur geben könne, weil das Bewusstsein substantiell religiös, d. h. unmittelbar auf das Unbedingte bezogen sei[26]. Dieser Unbedingtheitsbezug komme freilich erst dann kulturell zur Darstellung, wenn das substantiell religiöse Bewusstsein in den einzelnen, auf der Autonomie des Geistes beruhenden Kultur- bzw. Geistesfunktionen aktualisiert werde. Tillichs Feststellung, nach der die Gegenwart unter den Bedingungen eines symbollosen Mythos steht, bedeutet nun, dass die Unbedingtheitsdimension des menschlichen Geistes unausgesprochen bleibt[27].

Insofern mit diesen Überlegungen die Voraussetzungen bezeichnet sind, unter denen Tillich zufolge der Versuch

---

26 Vgl. dazu G. NEUGEBAUER, Die geistphilosophischen Grundlagen der Kulturtheologie Tillichs vor dem Hintergrund seiner Schelling- und Husserlrezeption, in: C. DANZ/W. SCHÜSSLER (Hg.), Paul Tillichs Theologie der Kultur. Aspekte – Probleme – Perspektiven, Berlin/New York 2011, 38–63.

27 Damit knüpft Tillich an seine oben erwähnte Diagnose an, in einer Welt der in sich geschlossenen Endlichkeit zu leben.

einer religiösen Sinndeutung der Technik steht, nimmt es nicht Wunder, wenn seine Ausführungen zum Mythos der Technik ausgesprochen spärlich ausfallen[28]. Während er noch im 1913er System wie selbstverständlich die Technik mit dem Symbol des Reiches Gottes zu verschmelzen wusste, zwingt ihn die vertiefte Auseinandersetzung mit dieser Kulturerscheinung dazu, sich bezüglich ihrer Unbedingtheitsdimension auf Andeutungen zu beschränken. Das spiegelt sich schließlich in Tillichs letztem Wort wider, mit dem er den Mythos der Technik auszudrücken versucht: »Auch sie, die Befreiende, muß befreit werden; auch ihr Mythos muß einmünden in den großen Mythos vom Seufzen aller Kreatur und der Sehnsucht nach einem neuen Sein, in dem Geist und Natur versöhnt sind.« (306). Seine Suche nach dem Sinn der Technik ist somit in den 20er Jahren zu keinem Abschluss gekommen.

3.3 Tillichs späte Technikdeutung – der Technikbegriff im Horizont der Geisttheologie

Die Grundlage der folgenden Darstellung bilden die thematisch einschlägigen Überlegungen Tillichs, die im vierten

28 Tillich geht in den eigentlich dem Mythos der Technik gewidmeten Passagen eher auf die Befreiungspotentiale der von ihm als ethisch neutral bewerteten Technik sowie auf die mit ihr verbundenen Ambiguitäten ein, die er – zumindest partiell – auf ihren Missbrauch durch den Kapitalismus zurückführt. In den 30er Jahren diagnostiziert er ähnlich wie Goldberg: »Unsere Periode ist groß durch Technik und krank an Technik.« (P. TILLICH, Religion und Weltpolitik [1938], in: DERS., Die religiöse Substanz der Kultur. Schriften zur Theologie der Kultur, hg. v. R. ALBRECHT, Stuttgart 1975 [= Paul Tillich Gesammelte Werke, Bd. IX], 139–192: 150).

Teil seines theologischen opus magnum enthalten sind[29]. Bekanntlich ist das Gesamtwerk seinem Aufbau nach durch die sog. Korrelationsmethode bestimmt, durch die menschliche Situation und christliche Botschaft zusammengebracht werden sollen. Die Methode zielt, mit einer Formulierung von Ulrich Barth, auf eine Zuordnung »religiöser Motive innerhalb des kulturellen Lebens [...] zu den Grundüberzeugungen des Christentums«[30].

Im vierten Teil spitzt Tillich seine Beschreibung der Situation auf die Entfaltung der Zweideutigkeiten des Lebens zu. Am Prozess des Lebens, das er als Aktualisierung potentiellen Seins definiert (vgl. 21), werden die drei Elemente der Selbst-Identität, der Selbst-Veränderung und der Rückkehr zu sich selbst unterschieden: »Nur durch diese drei Schritte wird in dem Prozeß, den wir Leben nennen, Potentialität zu Aktualität« (42). Sie bezeichnen die »fundamentale Struktur« des Lebens und fließen in die Bestimmung der drei Hauptfunktionen desselben ein, die Selbst-Integration, das Sich-Schaffen und die Selbst-Transzendenz des Lebens, denen die Metaphern des Kreises, des Horizontalen und des Vertikalen zugeordnet werden. Tillich geht nun recht ausführlich (vgl. 45-130) – unter Inanspruchnahme der im ersten Band seines Systems erörterten ontologischen Polaritäten – der Explikation dieser Funktionen am Orte der verschiedenen Dimensionen des Lebens nach und entfaltet deren Zweideutigkeiten.

---

29 P. TILLICH, Systematische Theologie, Band 3 (1963), Stuttgart 1966, 19–337 (= »Das Leben und der Geist«; danach die Seitenangaben im Text).

30 U. BARTH, Protestantismus und Kultur. Systematische und werkbiographische Erwägungen zum Denken Paul Tillichs, in: C. DANZ/W. SCHÜSSLER (Hg.), Paul Tillichs Theologie der Kultur. Aspekte – Probleme – Perspektiven, Berlin/New York 2011, 13–37: 36.

Dabei wird, im Zuge der Behandlung der zweiten Lebensfunktion, sofern sie die Dimension des Geistes betrifft, die menschliche Kultur thematisch. Als deren Grundfunktionen benennt Tillich Sprache und Technik: »Wie die Sprache durch ihre Allgemeinbegriffe von der Bindung an da ›Hier und Jetzt‹ befreit, so befreit die technische Bearbeitung der gegebenen Wirklichkeit durch Erfindung von Werkzeugen von den Banden der natürlichen Lebensbedingungen« (77).

Allerdings stehen dieser befreienden Macht der Technik drei Zweideutigkeiten gegenüber, die »[v]on mythischen Zeiten an bis zu unserer Epoche [...] weithin das Schicksal der Menschen bestimmt« haben (91). Mit der Explikation dieser Zweideutigkeiten führt Tillich seine Überlegungen aus den 20er Jahren fort. Es handelt sich (1) um die Zweideutigkeit von Freiheit und Begrenztheit. Sie besteht darin, dass »ein begrenztes und endliches Wesen« wie der Mensch zum Urheber einer »technischen Grenzenlosigkeit« wird, ein Vorgang, der darauf hinauslaufen kann, dass »die wissenschaftlichen und technischen Erfindungen die Menschheit bedrohen« (92). Hinzu kommt (2) die Zweideutigkeit von Mittel und Zweck. Dabei geht es um die (auch von Goldstein thematisierte) Offenheit der menschlichen Bedürfnisstruktur, die dazu führt, dass, »nach der Befriedigung der notwendigsten Bedürfnisse, neue Bedürfnisse [...] geschaffen werden, um befriedigt zu werden. [...] Diese Zweideutigkeit ist weithin verantwortlich für die Entleertheit unseres gegenwärtigen Lebens« (ebd.). Schließlich (3) benennt Tillich die Zweideutigkeit von Selbst und Ding. Hier geht es darum, dass die infolge technischer Weltbemächtigung sich vollziehende Verdinglichung der Natur schließlich dazu führt, dass der Mensch selbst verdinglicht wird: »Die Befreiung, die dem Menschen durch die technischen Möglichkeiten gegeben wird, kehrt sich in ihr Gegenteil um – der Mensch wird zum Sklaven seiner technischen Welt« (93).

Aufgrund der Tatsache, dass die Zweideutigkeiten des Lebens »in allen Dimensionen, in allen Prozessen, in allen Bereichen« erscheinen, ist, so Tillich, »die Frage nach unzweideutigem Leben überall latent vorhanden«, wird aber »nur im Menschen als Träger des Geistes [...] bewußt gestellt« (130). Die religiösen Hauptsymbole für unzweideutiges Leben lauten: »Gegenwart des göttlichen Geistes«, »Reich Gottes«, »Ewiges Leben« (vgl. 130f). Während die beiden zuletzt genannten Symbole im fünften Teil des Gesamtentwurfs verhandelt und der Geschichte zugeordnet werden, widmet sich Tillich in den weiteren Abschnitten des vierten Teils dem religiösen Symbol der Gegenwart des göttlichen Geistes, das er mit seinen Analysen zum Phänomen des Lebens korreliert. Konkret handelt es sich um die Manifestation des göttlichen im menschlichen Geist. Durch denselben göttlichen Geist, der Jesus zum Christus gemacht hat (vgl. 171–176), wird der Mensch »durch Glauben und Liebe in die transzendente Einheit unzweideutigen Lebens« erhoben (165). – In dogmatischer Terminologie gesprochen: Tillich entfaltet seine Soteriologie als Pneumatologie auf der Basis einer Geist-Christologie.

Wie aber werden durch die Gegenwart des göttlichen Geistes im menschlichen Geist die Ambiguitäten der Kultur respektive der Technik überwunden? Wo sieht Tillich, anders formuliert, Chancen für den (zunächst fragmentarischen) Ausgleich dieser Zweideutigkeiten? Er setzt ein mit der im ›diagnostischen‹ Teil an dritter Stelle angeführten Zweideutigkeit, die sich im Bestreben des Menschen äußert, »sich den Gesetzen seiner eigenen Produktion anzupassen« (296). Eine »theonome« Manifestation des göttlichen Geistes würde in einer Begrenzung der Verdinglichung bestehen. Diese wäre möglich »durch die Schaffung von Objekten, die mit subjektiven Qualitäten durchdrungen werden«, und dadurch ihren »nur dinghaften Charakter« verlieren und »zu einem möglichen Gegenstand des *eros*« werden (296). »Wie in den frühesten Zeiten der Menschheitsgeschichte die Dinge Träger fetischistischer Kräfte waren, so können sie uns heute zu neuen Verkörperungen der Macht des Seins werden« (296f). Der Gedanke der Begrenzung prägt auch die Auflösung der Zweideutigkeit von Mittel und Zweck: »In einer theonomen Kultur setzt sich der technische Fortschritt selbst eine Grenze«, die allerdings nicht »durch Einwirkung kirchlicher oder quasi-religiöser politischer Mächte« aufgerichtet wird. Sie wird vielmehr ermöglicht durch eine revolutionär veränderte »Einstellung zu den Möglichkeiten der Technik«, also »durch eine neue Haltung derer [...], für die die technischen Gegenstände hergestellt werden« (297). Schließlich werden nach Tillich in einer theonomen Kultur auch die zerstörerischen Folgen des technischen Fortschritts durch eine Begrenzung abgefangen, die »nicht in einer autoritären Beschränkung bestimmter technischer Entwicklungen, sondern in einer Änderung der inneren Haltung« wurzelt, »einem Wandel des Willens, Dinge zu produzieren, die [...] Strukturen der Destruktion aufweisen« (298).

Abbau der Zweideutigkeiten des technischen Weltumgangs durch Selbstbegrenzung qua Gesinnungsänderung – so lassen sich Tillichs Überlegungen zusammenfassen. Damit wird keine Vision der *realgeschichtlichen Verwirklichung* einer theonomen Kultur vorgelegt; es werden lediglich die für geschichtliches Handeln *unverfügbaren Voraussetzungen* einer wenigstens bruchstückhaften Vermeidung oder Überwindung der Zweideutigkeiten benannt. Diese ›Antwort‹ mag wenig spektakulär sein, zumal, wenn man sie an der eindrucksvollen Architektonik des Gesamtwerks und dem damit verbundenen Anspruch misst. Vielleicht aber kann man gerade dies als ein Indiz dafür nehmen, dass sich die für Tillichs späte kulturtheologische Reflexion konstatierte »Nüchternheit«[31] auch in seinem systematisch-theologischen Hauptwerk niedergeschlagen hat.

4 Resümee

Tillichs Denken lässt sich an verschiedenen Stellen seines Werks als dasjenige eines Intellektuellen verstehen, jedenfalls dann, wenn letzterer mit Habermas als ein solcher begriffen wird, der über einen »avantgardistischen Spürsinn für Relevanzen«[32] verfügt. Dass Tillich diesen Spürsinn besitzt, belegen seine vielfältigen Arbeiten zu ganz heterogenen Kulturgebieten, sei es zur Kunst oder eben auch zum Problem der Technik, dem er – wie hier gezeigt wurde – innerhalb seines Œuvres immer wieder Aufmerksamkeit schenkt. Dass er es vermochte, sich diesem Thema wie kein anderer Vertreter seiner Theologengeneration zu öffnen, hat nicht zuletzt darin seinen Grund, dass Tillich das Geschäft der Theologie als das einer religiösen Kulturhermeneutik begriffen hat, die sich – seiner Auffassung nach – nur in Gestalt eines »Systems der menschlichen Selbstinterpretation und Lebensdeutung«[33] angemessen realisieren lässt.

Tillichs Bemühen darum, den religiösen Sinn der Technik zu bestimmen, kann auf die Frage hin zugespitzt werden, wie sich unter den Bedingungen der Immanenz Transzendenz konzeptualisieren lässt. Am Ort der Technik scheint sich für ihn dieses Problem jedoch insofern zu radi-

---

31 A.a.O., 32.

32 http://www.cicero.de/Berliner-republik/der-intellektuelle/36896 (Zugriff am 23. August 2013).

33 P. TILLICH, Das religiöse Fundament des moralischen Handelns, in: ders., Das religiöse Fundament des moralischen Handelns. Schriften zur Ethik und zum Menschenbild, hg. v. R. ALBRECHT, Stuttgart 1965 (= Paul Tillich Gesammelte Werke, Bd. III), 13–83: 16.

kalisieren, als sie für ihn den Kulturbereich darstellt, an dem wie nirgends sonst die Entzauberung der Welt ablesbar ist, zumal die moderne Technik und deren Rationalität diesen Prozess katalysiert haben. Tillichs Ziel, die religiösen Tiefenschichten der Technik aufzudecken, kommt vor diesem Hintergrund dem Versuch gleich, eine Kulturerscheinung religiös zu interpretieren, die ihrem eigenen Wesen und ihrer Wirkung nach die Möglichkeit einer solchen Interpretation untergräbt. – Diese Schwierigkeit spiegelt sich in den referierten Technik-Deutungen Tillichs wider, die in der Frühzeit nur wenig Plausibilität für sich beanspruchen können und später vergleichsweise vage bleiben.

Der Ertrag der theologischen Technikdeutung Tillichs mag somit auf den ersten Blick als dürftig erscheinen. Auf den zweiten Blick sind Tillichs Erörterungen zu diesem Thema jedoch durchaus bedenkenswert. Denn wir haben es hier mit einem Autor zu tun, der sich die theologische Kulturhermeneutik auf die Fahnen geschrieben und ein kategoriales Instrumentarium entwickelt hat, das es ihm ermöglicht, den religiösen Sinn säkularer Kulturphänomene aufzuspüren. Umso mehr erstaunt es und gibt zu denken, dass er gerade in Sachen Technik zunehmend zurückhaltend argumentiert hat. Möglicherweise erweist sich sein Beitrag zu diesem Thema gerade in dieser nüchternen Zurückhaltung als lehrreich – zumal im Blick auf allzu forsche theologische Versuche, einer Transzendenzdimension der modernen Technik habhaft zu werden.

Michael Moxter

Aus Bildern lernen?
Tillichs Denkweg zwischen Theologie und Ästhetik

In den Bildwissenschaften und der Kunstgeschichte steht die **Legitimierung** des Bildes durch das, was man aus ihm lernen kann, in keinem guten Ansehen. Denn sie reduziert die Macht der Bilder, ihr Potential, etwas zu zeigen und sichtbar zu machen, und ihre sinnliche Attraktivität auf den didaktischen Nutzen der Lehrvermittlung. Der berühmte Brief Papst Gregors des Großen (ca. 540–604), der aus der Perspektive der lateinischen Westkirche die auf das Bilderverbot gegründeten theologischen Bedenken zurückweist, rechtfertigt den Bildergebrauch als eine Art Vorschule und Nachhilfe, durch die auch Analphabeten die biblischen Geschichten kennenlernen und also begreifen könnten, worauf es theologisch ankommt: »Was den des Lesens Kundigen die Schrift, das bietet den aufs Schauen angewiesenen Einfältigen das Bild, denn in ihm sehen die Unwissenden, was sie befolgen sollen«[1]. Bilder sind demnach die *biblia pauperum*. Sie prägen die ›Armen im Geiste‹ im Sinne der Lehren, auf die es im Leben und im Sterben ankommt. Dass solche Surrogatfunktion ein Eigenrecht der Bilder eher unterhöhlt als stützt, leuchtet ein, auch wenn man nicht übersehen sollte, wie sehr selbst diese unterbestimmte Auffassung den Bildern immerhin zutraut, das affektive Zentrum menschlichen Erlebens nachhaltiger zu treffen als es *logos*

1 Gregor der Große, CCSL 1440A Ep. XI.

und *ratio* vermögen[2]. Dennoch bleibt es ambivalent, das Bild auf Wort, Text oder Schrift zu beziehen und es allein durch diesen Bezug legitimieren zu wollen, wie es die Bilderapologeten immer wieder versuchten: »[A]uch *das stumme Gemälde* [...] *an der Wand vermag zu sprechen* und allergrößten Nutzen zu schaffen«[3].

Man muss das Unzureichende einer solchen Rettung des Bildes vor seinen Verächtern vor Augen haben, wenn man Tillichs Rückblick auf die ihn prägenden Erlebnisse zu verstehen sucht: »I must confess that I have not learned from any theological book as much as I learned from these pictures of the great modern artists who broke through into the realm out of which symbols are born«[4]. Zwar handelt es sich hier nicht um die Art von Bekenntnis (confession), die man von Theologen normalerweise erwartet, und dessen Implikationen für die weitere Konfessionsbildung dürften zu heterodox geraten, als dass man dieses Bekenntnis anders denn als *captatio benevolentiae* verstehen könnte, mit der Tillich seine kunstakademische Zuhörerschaft zu gewinnen sucht. Beim Worte genommen, bliebe es die problematische Repristination einer aus der Theologiegeschichte bekannten Zweideutigkeit: Soll das, was Bilder im Betrachter auslösen, wirklich als Vermittlung einer Lehre gedacht werden, in Analogie zu dem, was man sich durch das Vertiefen in theo-

---

2 Vgl. C. ANDRESEN/A.M. RITTER, Handbuch der Dogmen- und Theologiegeschichte, Bd. 1: Die Lehrentwicklung der Katholizität, Göttingen 1982, 294.

3 Gregor von Nyssa, PG 46, 737 D–740 A (dt. Übers. zit. nach G. LANGE, Bild und Wort. Die katechetischen Funktionen des Bildes in der griechischen Theologie des sechsten bis neunten Jahrhunderts, München,Würzburg 1969, 33).

4 P. TILLICH, Existential Aspects of Modern Art, in: M. PALMER (Hg.), Main Works, Bd. 2: Writings in the Philosophy of Culture/Kulturphilosophische Schriften, Berlin/New York 1990, 270–280, hier 278.

logische Bücher erarbeiten kann? Tillichs Bemerkung setzt das implizit und unbekümmert voraus. Seine Hochschätzung des Bildes gegenüber dem Buch (und in Sonderheit: der Bilder *moderner* Kunst gegenüber den Lehrbüchern der Theologie) ist jedoch bildtheoretisch fragwürdiger, als es dem Redner recht sein sollte. Das Bekenntnis zu den Bildern und ihrer erschließenden Kraft setzt die ikonische Erfahrung ins Verhältnis zu einer Kultur des Lernens, als wolle es die Bilder in Schutzhaft nehmen. Man darf darum, ohne den Vorwurf übertriebener Skepsis fürchten zu müssen, nachfragen: Was genau hat Tillich aus Bildern gelernt, wozu hat er sich von Bildern anregen lassen - und was in ihnen nur wiedergefunden? Vor allem aber: Was mutete er der Kunst der Moderne zu, als er sich dazu bekannte, aus ihr Entscheidendes gelernt zu haben?

Auch wenn man den rhetorischen, der Vortragssituation geschuldeten Charakter dieser Bemerkung einräumt oder in der Art, wie Tillich sich im Rückblick selbst erinnerlich[5] wird, das Begehren erkennt, auf bestimmte Weise wahrgenommen zu werden, wird das Recht dieser Fragen nicht obsolet. Denn Tillich spricht nicht nur von subjektiven Prägungen und ›Urerlebnissen‹, sondern betont, dass die Begegnung mit der Kunst gerade »für mein wissenschaftliches Arbeiten zum Teil von maßgebender Bedeutung wurde«,[6] und dass »[e]t-liche der Kategorien, die ich in einigen meiner abstraktesten philosophischen Analysen verwende, [...] tatsächlich aus meiner Beschäftigung mit der modernen

5 Vgl. zur Formulierung: H. BLUMENBERG, Ein mögliches Selbstverständnis, Stuttgart 1997, 124.

6 P. TILLICH, Auf der Grenze, in: Gesammelte Werke, Bd. 12: Begegnungen. Paul Tillich über sich selbst und andere, Stuttgart 1971, 13-57, hier 20.

Kunst« hervorgegangen seien[7]. Diesem Zusammenhang von Bilderfahrung und Begriffsbildung soll im Folgenden nachgegangen werden.

1. Botticelli oder: Tillichs ursprüngliche ästhetische Einsicht

Den Anfang seines Lernens bildeten nicht Überlegungen zur Entsprechung von ästhetischer und religiöser Erfahrung, sondern eine Erfahrung vor einem Bild – noch dazu vor einem, das sich seiner späteren theologischen Programmatik entzieht. Ein zweiter Rückblick Tillichs auf sich selbst macht das deutlich.

Nach fast vierzig Jahren erinnert sich Tillich an den Kontrast zwischen Kriegsgrauen und Bildbetrachtung im Berliner Museum während eines Heimaturlaubes, der sein Schlüsselerlebnis prägte. »So wurde die Entdeckung der Malerei für mich von entscheidender Bedeutung« und zwar aufgrund eines »erste[n] offenbarungsartige[n] Erlebnis[ses] von einem Botticelli-Bild in Berlin während des letzten Kriegsheimatsaufenthaltes«[8]. Tillich spricht von einer Begegnung mit einem Bild, das »gegen das [...] Häßliche [...] des Krieges« das Schöne, ja sogar die Schönheit selbst, aufgeboten und mobilisiert habe.[9] Seine ursprüngliche ästhetische Erfahrung gehörte also Sonderwelten an: Sie fiel in die Aus- und Gegenzeit einer gewährten Distanz von der Front, der Unterbrechung der Kriegserlebnisse, und sie ereignete sich auf der Schwelle, im Übergang in die Bildersammlung,

---

7 P. TILLICH, Kunst und Gesellschaft. Drei Vorlesungen, Münster 2004, 14.

8 TILLICH, Grenze, 21.

9 TILLICH, Grenze, 21.

wurde doch Botticellis Bild in Einzelhängung direkt dem Eingang gegenüber präsentiert. Vor allem aber hatte sie die Qualität einer Augenblickserfahrung, in der sich andere Erlebnisse vergessen ließen. Durch die Betrachtung des Bildes sich selbst sozusagen ›loszuwerden‹, habe ihm »einen unvergleichlichen Augenblick« gewährt und »später auf dem Schlachtfeld getröstet«[10]: »Ich stand vor einem der runden Madonnenbilder von Botticelli. Und in einem Moment, für den ich keinen anderen Namen als den der Inspiration weiß, eröffnete sich mir der Sinn dessen, was ein Gemälde offenbaren kann. Es kann eine neue Dimension des Seins erschließen, aber nur dann, wenn es gleichzeitig die Kraft hat, die korrespondierende Schicht der Seele zu öffnen. Es war naturgemäß für einen Theologen, die Frage zu stellen: Wie verhält sich diese Inspiration zu dem, was in der theologischen Sprache Inspiration genannt wird?«[11]

Dass Tillich im Rückblick den Schritt von der ästhetischen Erfahrung zur theologischen Reflexion über den Inspirationsbegriff vollzieht und dabei einen zentralen Gedanken seiner (Jahre später entwickelten) Symboltheorie und auch den erst im dritten Band seiner *Systematischen Theologie* eingeführten Begriff der Dimension, heranzieht, mag man zur sekundären Überformung des Erlebnisses rechnen. Tillich zielt auf Kontinuität zwischen ästhetischem Erleben und theologischer Reflexion und präsentiert

10 Zit. n. B. REYMOND, Paul Tillich und die Madonna von Sandro Botticelli, in: P. HAIGIS/D. LAX (Hg.), Brücken der Versöhnung (FS G. HUMMEL), Münster 2003, 51–58, hier 51. Wenn Tillich im Kontext von Ekstase spricht, so ist dies Teil der im Folgenden diagnostizierten Theologizität der ästhetischen Erfahrung.

11 P. TILLICH, Zur Theologie der bildenden Kunst und Architektur, in: Gesammelte Werke, Bd. 9: Die religiöse Substanz der Kultur. Schriften zur Theologie der Kultur, Stuttgart 1967, 345–355, hier 345.

seine Erinnerung an Botticellis Bild als Anstoß für Späteres, als Ausgangspunkt und Rückhalt der ausgearbeiteten Kulturtheologie. Worin mag das Bilderlebnis selbst bestanden haben?

Interpretationsangebote, die -von Verwunderung über Tillichs Neigung zu einem Bild vorreformatorischer Marienverehrung geleitet- den Kontrast zwischen der bildlichen Darstellung der reinen Jungfrau und Tillichs eigener, von Begehren, kriegsbedingter Enthaltsamkeit und aktuellen Eheproblemen bestimmter, Lage zwischen herausstreichen[12], setze ich als psychologistisch beiseite und frage stattdessen nach der Leistung des Bildes. Wie begründet sich Tillichs Erlebnis in Botticellis Bild?

Aby Warburg hat Botticelli als einen Künstler dargestellt, der die äußere Ruhe und Gefasstheit seiner Figuren als Mittel der Abwehr psychischer Bedrängnisse entwirft. Die ruhige Schönheit des Gesichtes einerseits und das bewegte Beiwerk in Haar und Gewand andererseits bilden in Botticellis berühmter *Geburt der Venus*[13] den Kontrast, aus dem Warburg seinen Begriff der Pathosformel entwickelte. ›Pathosformel‹ ist die Abbreviatur für einen ästhetischen Prozess, durch den bewegende Szenen und dramatische Eindrücke in prägnanten Formen so modelliert werden, dass diese selbstverständlich wieder aufgegriffen werden und zwar mit dem Effekt, dass sich die zugrundeliegende Erfahrung an ihren Darstellungsformen selbst verändert und vertieft. ›Ausdruck‹ ist – so könnte man sagen – ein Vorgang, der das Ausgedrückte erst zu etwas macht, das verstanden und mitgeteilt werden kann.[14] Eine solche Vorstel-

12 Vgl. REYMOND, Paul Tillich und die Madonna von Sandro Botticelli, 53ff.

13 Ca. 1484-86; Uffizien Florenz.

14 Es ließe sich zeigen, dass ein solches Verhältnis der Artikulation bereits in Wilhelm von Humboldts Sprachphilosophie vorausge-

lung markiert eine Theorie-Alternative zu der unterbestimmten Auffassung, ein bereits fertiges und hinreichend bestimmtes Inneres werde im Ausdruck gleichsam nur in ein Äußeres ›übersetzt‹. Hier dagegen formt der Ausdruck das Pathos. Warburg zeigt, dass Botticellis Bilder die Formensprache antiker Bilder, Skulpturen und Reliefs übernehmen, um die abgründige Bewegtheit des Seelenlebens in vertrauten Formen zu bändigen, zu intensivieren und also durch Darstellung zu bearbeiten. Gerade die Rückeroberung einer ruhigen Seelenstimmung durch Distanzgewinn gegenüber der Macht der Gefühle, zeichne die Bilder aus. Insofern ist es sachgemäß, Warburgs Behauptung: »Von manchen Frauen und Jünglingen Botticellis möchte man sagen, sie seien eben erst aus einem Traume zum Bewusstsein der Aussenwelt erwacht«[15], auf Albträume zu beziehen, unter denen das Bewusstsein leidet. Pathosformeln erlauben es, Gefühle zum Ausdruck zu bringen – ohne dass man diese bereits als eigene betrachten könnte, bevor Bilder und Sprache sie uns vertraut machen. Warburgs Rede vom ›Nachleben der Bilder‹ meint daher nicht allein ein zeitliches Verhältnis zwischen Antike und Renaissance, zwischen Frühe-

---

setzt ist (vgl. W. HUMBOLDT, Ueber die Verschiedenheit des menschlichen Sprachbaues und ihren Einfluss auf die geistige Entwicklung des Menschengeschlechts, in: ders., Werke, Bd. 3: Schriften zur Sprachphilosophie, hg. v. A. FLITNER/K. GIEL, Darmstadt 41972, 368–756, 426) und beispielsweise auf Schleiermachers Deutung der Beziehung zwischen Sprache und Denken und sogar auf seine Gefühlstheorie ausstrahlt (vgl. dazu meine Beiträge: Feeling and Symbolic Expression. Schleiermacher's feeling of ultimate dependency reconsidered, in: I. U. DALFERTH/M. ROGERS (Hg.), Passion and Passivity, Tübingen 2011, 69–86 und in: R. BARTH/C. ZAMOW (Hg.), Theologie der Gefühle (im Druck).

15 A. WARBURG, Sandro Botticellis ›Geburt der Venus‹ und ›Frühling‹, in: ders., Werke in einem Band, hg. v. M. TREML/S. WEIGEL/P. LADWIG, Berlin 2010, 39–108, hier 107.

rem und Gegenwärtigem[16], sondern eine bildliche Wirkweise *(energeia)*, die Erinnerungen stiftet, welche das individuelle Erleben übergreifen[17]. Die Kultivierung des Seelenlebens ist im Bild präsent und eröffnet Möglichkeiten des Ausdruckes und des Selbstverständnisses, die ohne Bildersprache nicht gegeben wären.

Es gibt also kunsthistorische Kategorien, welche es erlauben, Tillichs Schlüsselerlebnis aus dem Horizont bloß subjektiven Erlebens hinauszuführen und seine Schilderung der eigenen Initiation in der Logik des Picturalen selbst zu verankern. Unterstellt ist damit weder ein direkter historischer Einfluss – obwohl Tillich das kulturtheoretische Programm Warburgs gekannt und in einem kurzen Artikel für eine theologische Öffentlichkeit gewürdigt hat[18] – noch eine Unzulänglichkeit seines Berichtes. Worauf es aber ankommt, ist der Umstand, dass Tillichs Erinnerung an seine Betrachtung der Madonna Botticellis nicht auf das Erlebnis überwältigender Schönheit zentriert werden muss, das er selbst emphatisch betont. Ästhetisch bemerkenswerter scheint mir der allgemeinere Gesichtspunkt zu sein, den man als Entdeckung der Macht der Bilder bezeichnen könnte.

Etwas weiteres kommt hinzu: Wie in anderen Bereichen gilt auch im Blick auf die ästhetische Erfahrung, dass das

---

16 Vgl. M. TREML/S. WEIGEL, Einleitung, in: A. WARBURG, Werke in einem Band, hg. von M. TREML/S. WEIGEL/P. LADWIG, Berlin 2010, 9–27, bes. 10.

17 Vgl. die diesbezüglich grundlegende Studie von G. DIDI-HUBERMAN, Das Nachleben der Bilder. Kunstgeschichte und Phantomzeit nach Aby Warburg, Berlin 2010.

18 Vgl. P. TILLICH, Renaissance und Reformation. Zur Einführung in die Bibliothek Warburg, Theologische Blätter, Nr. 12 (1922), 266f. Tillich berichtet von seinem Aufenthalt in Hamburg und aus seiner Lektüre von Warburgs Luther-Melanchthon-Aufsatz.

Außerordentliche, das aus der Normalität ausbrechende Ereignis, in die Ordnung des Vertrauten erneut eingeführt werden müssen, damit von ihnen gesprochen werden kann. Das Unerwartete und Überraschende muss benannt und unter Aufbietung der Namen und Worte, über die wir verfügen, vertraut gemacht werden[19]. Nur so kann das Unbegreifliche oder Unvordenkliche unserer Erfahrung, so gut es eben geht, begrifflich identifiziert werden. Heißt es im Selbstzeugnis Tillichs daher, es habe sich um einen »Moment« gehandelt, »für den ich keinen anderen Namen als den der Inspiration weiß«[20], so sollten wir diese Bemerkung nicht im Horizont eines vorausgesetzten Theologumenons über die Offenbarungsqualität moderner Kunst interpretieren und also Tillichs Erinnerung an seine Anfänge nicht unmittelbar seiner später entwickelten Theologie der Kultur zuschlagen. Es ist durchaus sinnvoll, Tillichs Bericht vor allem als Hinweis auf Verlegenheiten (»je ne sais quoi«) zu verstehen, in die er bei der Betrachtung des Bildes geriet.

Was war es, das Tillich gesehen hatte? Schwer zu sagen, gewiss – aber nicht überflüssig zu fragen, wenn man den systematischen Entwurf seiner Kulturtheologie im Horizont der funkelnden Erfahrung[21] halten will, die das Bild gewährt und die jeder gelingenden Theoriebildung zugrunde liegt, ohne von ihr ausgeschöpft oder ausbuchstabiert zu werden. Tillich spricht von der Schönheit, die durch den Reichtum der Farben hindurchscheine, und sieht sich an Kirchenfenster erinnert, die etwas Jenseitiges (also elementar gesprochen doch wohl: Licht von außerhalb) einleuchten

---

19 Vgl. hierzu H. BLUMENBERG, Arbeit am Mythos, Frankfurt a. M. 1979, 40ff.

20 TILLICH, Zur Theologie der bildenden Kunst und Architektur, 345.

21 Vgl. zum Begriff: W. JAMES, Die Vielfalt religiöser Erfahrung. Eine Studie über die menschliche Natur, Frankfurt a. M. 1997 449, sowie H. DEUSER, Religionsphilosophie, Berlin/New York 2008, 360f.

lassen und dieses zugleich brechen. Unverkennbar also, dass Tillichs Zeugnis eine Transzendenzerfahrung artikuliert. Es geht in diesem um die Präsenz eines Überschusses, der im Gegebenen über dieses hinausweist und also *mehr* anzeigt, als ein erster Blick zu denken Anlass gibt.

Tillichs Interpretation dieser Erfahrung durch seine Rede von ›der Schönheit selbst‹ mag man mit weiten Teilen der Sekundärliteratur auf einen impliziten Platonismus zurückführen oder – im Anschluss an Hegel – als sinnliches Scheinen[22] der Idee des Schönen rekonstruieren. Aber man könnte auch bescheidener interpretieren und in jener Rede von ›der Schönheit selbst‹ vor allem eine Steigerungsformel erkennen: Nicht nur ›etwas Schönes‹ kommt im Bild zur Darstellung, sondern solches, das zugleich über dieses ›etwas‹ hinausführt: mehr als nur ein Schönes.

Bemerkenswert ist auch, dass Tillich die Bilderfahrung inhaltlich als Zeiterleben beschreibt. Berührt habe ihn – so heißt es –, dass der Künstler das Schöne, das über sich selbst hinausweist, »vor so langer Zeit ›envisioned‹«[23] habe. Darin liegt zunächst einmal ein Hinweis auf den zeitlichen Abstand zwischen Bildentstehung und Bildbetrachtung, der aber zugleich die Verwunderung über die Präsenz dessen unterstreicht, was im Bild ›envisioned‹ wurde. Man könnte das Wort ›envisioned‹ mit ›ins Bild gesetzt‹, mit ›ausgemalt‹ oder ›inszeniert‹ übersetzen. Aber prägnanter fällt eine Übersetzung aus, die den Zeitbezug privilegiert: Was den frühen Tillich berührt, ist der Umstand, dass im Kontrast zum diachronen Abstand seiner Entstehung das Bild auch in der eigenen Gegenwart des Betrachters noch immer Schönheit »vergegenwärtigt« oder ›präsentiert‹. Die ästhetische

22 Vgl. G. W. F. Hegel, Ästhetik, Bd. 1, hg. v. F. BASSENGE, Berlin [4]1985, 117.

23 P. TILLICH, On Art and Architecture, New York 1989, 12.

Erfahrung zehrt von einer Intensivierung der Zeit, die das Bewusstsein des faktischen historischen Abstandes (das Bild stammt aus dem Jahr 1477) ebenso sehr voraussetzt wie überbietet und aufhebt. In den Gegensatz zur eigenen Lebenszeit, zur Präsenz des Krieges, tritt also nicht nur eine Sonderzeit im buchstäblichen Sinne, die es erlaubt, im Museum Abstand von der Front zu finden, sondern vor allem die andere Zeit des Bildes, als eine Eigenzeit, die aufgrund der Intensität der Darstellung vergessen lässt, dass das Bild einer längst vergangenen Epoche angehört. Mir scheint daher die Verwunderung darüber, dass der spätere Autor einer wesentlich auf den Expressionismus bezogenen Theologie der Kunst seine Anfänge ausgerechnet bei einem Werk Botticellis nahm – und vor allem: dies im Rückblick auch noch ausdrücklich betont –, fehlgeleitet zu sein[24]. Was Tillich kurze Zeit später im Expressionismus entdeckt, öffnet ihm zwar das Verständnis für eine wichtige Kunstrichtung seiner Zeit und erklärt die Dominanz der Metapher des Durchbruchs in seinen Schriften, aber diese Prägung seines ästhetischen Sinnes durch die ›Kunst der Gegenwart‹ setzt seine Ausgangserfahrung nicht außer Kraft. Letztere war kein einer vormodernen Kunstsammlung gedanktes Bilderlebnis, das sich im Horizont einer traditionellen Ästhetik der Schönheit bzw. dem Ideal wahrer Schönheit hielt, sondern die Erfahrung einer Zeit des Bildes, in der sich Präsenz und Repräsentation verschränken.

Im selben Text, in dem Tillich von seinem Erlebnis berichtet, kritisiert er die Kunst der Renaissance, weil diese sich zu stark an der Form idealer Vollkommenheit orientie-

24 In Korrektur gegenüber meinem Beitrag: Tillich und die neukantianische Rechtstheorie, in: C. DANZ/W. SCHÜSSLER (Hg.), Paul Tillichs Theologie der Kultur. Aspekte – Probleme – Perspektiven, Berlin/New York 2010, 228–248.

re. Mit dieser Bemerkung begründet er auch seine Bestreitung ihrer besonderen religiösen oder theologischen Einschlägigkeit: »Aber sind die Madonnen und Kreuzigungen und Auferstehungen und biblischen Geschichten der Renaissance-Maler wirkliche Schöpfungen religiöser Kunst? Sie sind es nicht! Sie sind Visionen menschlicher Vollendung«[25], denen Tillich tieferen religiösen Sinn aufgrund ihres Zuges ins Idealische nicht zutraut.

Bemerkenswert ist schließlich, dass Tillich von seinem Schlüsselerlebnis berichtet, ohne auch nur ein einziges Mal vom Unbedingten, von unbedingtem Angegangen sein oder von der Religion als einer Richtung auf das Unbedingte zu sprechen. Zentral ist vielmehr, dass die Bilder eine andere Wirklichkeit erschließen. Im Sinne seiner späteren Theologie gesprochen: Sie eröffnen eine neue Dimension der Wirklichkeit in Korrespondenz zur Tiefe und Abgründigkeit der menschlichen Seele bzw. des menschlichen Selbstverhältnisses. In dieser Rekapitulation mag man wiederum eine Überformung der Beschreibung durch die Begriffe seiner späteren Symboltheorie vermuten (wie bereits die eingangs besprochenen Zitate zeigten). Nach letzterer gilt es als die genuine Leistung des Symbols, auf Anderes zu verweisen, an dem es partizipiert, und so Zugänge zu Erfahrungen zu vermitteln, die in der Alltäglichkeit der Lebenswelt genauso wie in einer durchrationalisierten Welt technischer Zivilisation verschüttet bleiben. Der späte Tillich präsentiert seine Ausgangserfahrung also im Licht der Symboltheorie, die er inzwischen entwickelt hat.

25 P. TILLICH, Zur Theologie der bildenden Kunst und Architektur, in: M. PALMER (Hg.), Main Works, Bd. 2: Writings in the Philosophy of Culture/Kulturphilosophische Schriften, Berlin/New York 1990, 331–343, hier 337.

Was die ursprüngliche Erfahrung und die Pointe seiner späteren Theorie jedoch verbindet, ist derjenige Gesichtspunkt, der in der gegenwärtigen Bildwissenschaft als *magnus consensus* gelten darf: Bilder sind keine Abbildungen dessen, was wir unabhängig von ihm bereits kennen, sondern sie machen sichtbar, was wir erst an ihnen und durch sie entdecken[26]. Insofern diese Überzeugung Tillichs Theologie der ästhetischen Erfahrung und insbesondere seine Auffassung der bildenden Kunst leitet, wird man ihr eine gegenwärtige systematische Relevanz kaum absprechen können.

2. Expressionismus oder: Durchbruch aus der Tiefe

Wenn das der Ausgangspunkt von Tillichs Ästhetik war, wohin führte dann der Weg ihrer weiteren Ausbildung? Die Lehrbuch-Auskunft ist bekannt: Seit den frühen zwanziger Jahren und bis in seine spätesten Texte hinein zeigt sich Tillich als ein begeisterter, bis an die Grenze der Einseitigkeit beeindruckter, Anhänger des Expressionismus, der die Grundkategorien seiner Kultur- und Religionsphilosophie (vor allem: ›Form‹, ›Gehalt‹ und ›Durchbruch des Gehaltes durch die Form‹) aus einer spezifischen Interpretation der Bilder gewinnt, die er bald nach dem Ersten Weltkrieg für sich entdeckt. Wesentliche Einsichten verdankt er dabei

---

26 »Kunst gibt nicht das Sichtbare wieder, sondern macht sichtbar« (P. KLEE, Schöpferische Konfession, in: ders., Kunst-Lehre. Aufsätze, Vorträge, Rezensionen und Beiträge zur bildnerischen Formlehre, hg. v. G. REGEL, Leipzig 1987, 60–66, hier 60). Vgl. hierzu vor allem G. BOEHM, Die Bilderfrage, in: ders. (Hg.), Was ist ein Bild?, München 1994, 325–343.

seinem Freund Eckart von Sydow (1885–1942), der 1912 mit der kunsthistorischen Arbeit *Die Entwicklung des figuralen Schmucks der christlichen Altar-Antependia und -Retabula bis zum 14. Jahrhundert*[27] promoviert worden war und sich 1920 mit dem Buch *Die deutsche expressionistische Kultur und Malerei*[28] der aktuellen Kunstszene zuwandte. Tillich hält diese Publikation für das erste Buch über den Expressionismus -was zwar in der Sache falsch ist[29], aber dessen exzeptionelle Stellung für sein eigenes Verständnis und natürlich auch seine Einschätzung der Freundesleistung zum Ausdruck bringt- und folgt generell von Sydows Perspektiven, u.a. auch dessen deutlich erkennbarer Fokussierung aufs Deutschnationale. (Wenn es bei Tillich heißt: »Es war vor allem der Expressionismus, der in der deutschen Malerei im ersten Jahrzehnt des 20. Jahrhunderts aufgebrochen war [...]«[30], sollten die gelehrten Interpretationen daher nicht nur die allgemeine Bedeutung des Expressionismus für Tillich, sondern auch einmal die Verengungen und Fehleinschätzungen diskutieren, die im Relativsatz dieses Zitates stecken[31].) Als zweite Quelle, die Tillichs Begegnungen mit den Bildern theoretisch unterfüttert, ist die Publikation Gustav Friedrich Hartlaubs (1884–1963) *Kunst und Religion. Ein Versuch über die Mög-*

---

27 Erschienen Straßburg 1912.

28 Erschienen Berlin 1920.

29 Vgl. die einleitenden Feststellungen des Herausgebers M. PALMER, in: P.TILLICH, Main Works, Bd. 2: Writings in the Philosophy of Culture/Kulturphilosophische Schriften, hg. v. M. PALMER, Berlin/New York 1990, hier 87.

30 TILLICH, Grenze, 21.

31 Zu ihnen gehört auch die Annahme, es handele sich beim Expressionismus um eine einheitliche Bewegung mit klaren Grenzen (vgl. zur Kritik: M. PALMER, Paul Tillichs Theologie der Kultur, in: P. TILLICH, Main Works, Bd. 2: Writings in the Philosophy of Culture/Kulturphilosophische Schriften, hg. v. M. PALMER, Berlin/New York 1990, 33–67, hier 57).

lichkeit neuer religiöser Kunst zu nennen[32]. Beide Bücher handeln ausführlich von der Bedeutung der Religion innerhalb des Expressionismus und spuren auch mit dieser Ausrichtung den weiteren Entwicklungsweg von Tillichs Ästhetik. Soweit die Standardauskunft. Doch was sieht Tillich in den Bildern?

Galten in der Betrachtung von Botticellis Madonna das ›Durchscheinen‹ einer anderen Wirklichkeit und das ›Eröffnen‹ einer tieferen Bedeutungsdimension als zentrale Momente der Bilderfahrung, so erhält nun der ›Durchbruch durch die Form‹ das entscheidende Gewicht. Auch in der frühen Erfahrung ging es um die Differenz zwischen Oberfläche und Hinter- bzw. Tiefengrund. Doch mit der Ausrichtung am Phänomen der ›Durchbrechung‹ mutiert diese Differenz (Eines und ein Anderes, das durch jenes hindurchscheint) in Richtung auf die Negativität eines ganz Anderen, das sich der gegebenen Form entzieht, in ihr niemals aufgeht und diese darum bis an die Grenze des Zerbrechens und Zerstörens führt. So setzt es neue Formen und zeigt sich darin zugleich als produktiver Grund aller Formen wie als Formen verschlingender Abgrund. Mit der Einheit von Grund und Abgrund erhält die Rede von der Tiefe, die sich im Bild auftut, nun einen anderen Sinn. Im Vergleich mit Tillichs ursprünglicher ästhetischer Einsicht könnte man von einer Kontrasterfahrung sprechen, die vom Schönen auf das Zerbrochene, von der Tiefe auf das Abgründige umstellt.

Zugleich werden Entfremdung und Entsetzen zu den entscheidenden Erfahrungen, die sich in den Bildern zeigen und in ihnen bearbeitet werden. Wenn etwa die natürliche

32 Erschienen Leipzig 1919. Hartlaub war Kollege Tillichs in Dresden und später Direktor der Mannheimer Kunsthalle, wurde von den Nazis abgesetzt und in den fünfziger Jahren Professor in Heidelberg.

Gesichtsfarbe durch einen grellen Farbton (ungemischt, direkt aus der Tube aufgetragen) ersetzt wird, so zeigt sich in solchem Ersetzen das Entsetzen, in der Verzerrung des Natürlich-Gewohnten die Entstellung und Entfremdung, die *rebus sic stantibus* das Leben der Gegenwart bestimmen. Auch für diese Interpretation gibt von Sydow die Linie vor: »In seinem ungehemmten Gebrauch der Farbe und der betont primitiven Bildwelt unterbricht der Expressionismus bewusst die natürlich gegebene Erscheinung der Dinge und lenkt auf diese Weise die Aufmerksamkeit weg von den objektiven Gegebenheiten und hin zu der Dimension der Tiefe, die durch sie ausgedrückt wird«[33].

Strategien der Steigerung, der Isolation einzelner Elemente, der Übertreibung des Farbtones oder der Überdehnung der Formen werden zum Ausdruck der objektiven Lage der Gesellschaft und manifestieren daher mehr und anderes als den bloß subjektiven Ausdruck individuellen Gefühls. Tillich besteht in dieser Hinsicht auf einer spezifischen Abgrenzung zwischen Impressionismus und Expressionismus, die nicht mit der Differenz von Eindruck und Ausdruck zusammenfällt: »Diese Unterscheidung [sc. zwischen Eindruck und Ausdruck] wäre einfach, wenn wir sagen könnten, daß etwas Innerliches in etwas Äußerlichem ausgedrückt wird. Expressionismus im engeren Sinne des Wortes wurde oft als ein Stil verstanden, bei dem sich die emotionale Seite des Menschen in künstlerischen Symbolen ausdrückt. Nichts könnte weiter entfernt sein von der wahren Bedeutung des Expressionismus«[34]. Diese liege darin, dass der Expressionismus eine objektive Lage zum Ausdruck bringt, die als Dynamik in der Tiefe der Gesellschaft den

33 Von SYDOW, Die deutsche expressionistische Kultur und Malerei, 63.

34 TILLICH, Kunst und Gesellschaft, 21.

Krisenherd des Sozialen bildet, aber auch individuelle Schuld, Einsamkeit und Tod in den Bildern präsent hält. Dabei geht es nicht um eine bloße Spiegelung der Lage im Nachkriegsdeutschland, sondern um eine Reflexion im Medium der Kunst, deren Wahrheitssinn sich auch darin zeigt, dass der Expressionismus seine Krisenwahrnehmung schon vor 1914 artikulierte, die Lage der Zeit also sozusagen ›gewittert‹ hatte.

Tillich ist fasziniert von dem Kontrast, der sich an dieser Stelle gegenüber dem Impressionismus ergibt, den er einer intakten bürgerlichen Welt zuordnet. Im ›bürgerlichen‹ Impressionismus werden schöne Form und schöner Schein gepflegt, die Lichtspiele einer intakten Natur aufgeführt oder die Weite unberührter Landschaften ausgelotet, während der Expressionismus gerade in seiner Zerstörung der natürlichen Formen auf die Wirklichkeit des Menschen zurückführe. So zeigten die verlassenen Tische in van Goghs *Nachtcafé* das »Entsetzen der Leere«[35], die Präsenz und Verdichtung einer Einsamkeit, die nur darum subjektiv empfunden wird, weil sie auf objektiver Entfremdung beruht. Im Blick auf die oben eingeführte Unterscheidung zwischen der ursprünglichen ästhetischen Einsicht Tillichs (nach der Bilder ein transzendentes Anderes durchscheinen lassen) und der späteren Expressionismusrezeption (nach der ein Durchbruch der Tiefe als des Anderen der Ordnung zum zentralen Gesichtspunkt wird) sei notiert, dass Tillich in seinen Vorlesungen in Minneapolis zwischen einem positiv-expressionistischen und einem negativ-expressionistischen Stil unterscheidet: Der eine richte sich am Durchscheinen lassen aus, der andere verdeutliche die dämonischen und

35 TILLICH, Modern Art, dt. Übers. zit. nach: PALMER, Theologie der Kultur, 64.

zerspaltenen Elemente in der Tiefe der Wirklichkeit[36]. Zur Macht des Bildes gehört beides: eine Lage der Dinge zu zeigen, aber auch und vor allem, vor dieser auch dann nicht zurückzuschrecken, wenn sie sich grauenhafter darstellt als zuvor beobachtet oder gedacht wurde. Solche Negativität ist selbst Ausdruck der Realität, ohne dass sie deren Nach- und Abbildung wäre. Sie ist keine bloße Spiegelung, sondern Umbildung, weil sie stets Überschreitung, Bearbeitung und Umgestaltung des Eindruckes ist.

Der unter diesen Gesichtspunkten interpretierte Expressionismus ist folglich nicht einfach ein ästhetisches Phänomen unter anderen oder eine Bewegung, die neben der Religion, in Nachbarschaft zu den Anliegen Tillichs und seiner sozialistischen Freunde Interesse hervorruft, und die Aufmerksamkeit für den Expressionismus ist kein bloßer Beleg für die gegenwartsdiagnostische Kraft von Tillichs Theologie. Vielmehr ist dieser der Ort der Vermittlung und der Genese einer zentralen theologischen Überzeugung Tillichs[37]. Um das zu belegen, sei der oben herangezogene Text erneut (und diesmal vollständig) zitiert: »Es war vor allem der Expressionismus, der in der deutschen Malerei im ersten Jahrzehnt des 20. Jahrhunderts aufgebrochen war, an dem mir die formzersprengende Kraft des Gehalts und die ekstatische Bildform, die daraus notwendig folgt, aufging. Die für meine Offenbarungslehre maßgebende Kategorie des ›Durchbruchs‹ wurde im Zusammenhang damit gewonnen«[38].

36 Vgl. hierzu TILLICH, Kunst und Gesellschaft, 36.

37 Cf. P. STEINACKER, Passion und Paradox – Der Expressionismus als Verstehenshintergrund der theologischen Anfänge Paul Tillichs. Ein Versuch, in: G. Hummel (Hg.), God and Being, Berlin/New York, 1989, 59–99.

38 TILLICH, Grenze, 21.

Und nicht nur sie. Was Tillich als Expressionismus wahrnahm, diente ihm als Plausibilitätshintergrund der konstruktiven Entfaltung theologischer Gehalte. Das soll in den nächsten Abschnitten gezeigt werden.

3. Protestantismus oder: Wider den Absolutismus des Konkreten

Tillichs Religionsbegriff ist noch nicht hinreichend bestimmt, wenn Religion als Angelegenheit eines *ultimate concern* definiert wird. Denn ›unbedingtes Angegangensein‹ oder gar ›Angegangensein durch das Unbedingte‹ – was ja nicht dasselbe ist – sind begriffliche Wendungen, die der Präzisierung bedürfen und die zu präzisieren Tillich selten vergisst: »Religion ist Erfahrung des Unbedingten und das heißt [!] Erfahrung schlechthinniger Realität aufgrund der Erfahrung schlechthinniger Nichtigkeit; es wird erfahren die Nichtigkeit des Seienden, die Nichtigkeit der Werte, die Nichtigkeit persönlichen Lebens; wo diese Erfahrung zum absoluten, radikalen Nein geführt hat, da schlägt sie um in eine ebenso absolute Erfahrung der Realität, in ein radikales Ja«[39]. Die Explikationsformel: ›und das heißt‹ leitet eine Erläuterung ein, von der man erwarten sollte, dass sie in alle Verwendungen des Wortes ›Religion‹ eingesetzt werden kann. Das dürfte aber Schwierigkeiten bereiten, sind doch nicht alle Unbedingtheitserfahrungen mit dem hier beschriebenen Nichtigkeitserlebnis selbstverständlich gekoppelt. Auch umfassen sie nicht immer – wie in Tillichs Erläu-

39 P. TILLICH, Über die Idee einer Theologie der Kultur, Main Works, in: M. PALMER (Hg.), Bd. 2: Writings in the Philosophy of Culture/Kulturphilosophische Schriften, Berlin/New York 1990, 69–87, hier 74.

terung – Ontologisches, Axiologisches und ›Persönliches‹ gleichermaßen. Das sollte den Eindruck rechtfertigen, dass in diesem Zitat nicht eine allgemeine Definition expliziert, sondern ein spezifischer Religionstyp als Paradigma für Religion überhaupt eingeführt wird. Nicht jede religiöse Erfahrung wäre also immer schon (bzw. stets auch) eine Erfahrung des »absoluten, radikalen Nein[s]«, die in »absolute Erfahrung der Realität«, in »ein radikales Ja«, umschlägt. Aber wo immer dies der Fall ist, handelt es sich jedenfalls um Erfahrung des Unbedingten. Diese Interpretation besagt dann, dass sich an der dramatischen Erfahrung der Einheit von Negativität und Realität eine Gestalt der Religion zeigt, an der man – gleichsam wie in einem Vergrößerungsglas – Religionstypisches erkennen kann.

Tillichs Beschreibung setzt hier also bestimmte Annahmen hinsichtlich des Verhältnisses von Besonderem und Allgemeinem voraus, welche die Vermutung nähren, die Zusammengehörigkeit von Negation und Affirmation sei auf das in der reformatorischen Theologie einschlägige Verhältnis von Gericht und Gnade, von Gesetz und Evangelium zurückzuführen – jeder evangelische Theologe, jede protestantische Theologin wird jedenfalls für solche Resonanzen empfänglich sein. Aber die von Tillich besonders hervorgehobene Erfahrung des Umschlages vom einen ins andere ergibt sich – anders als die Rede von einer paradoxen Einheit des Unterschiedenen – aus dem theologischen Hintergrund nicht von selbst und sie folgt aus ihm alleine noch nicht. Vielmehr dürfte diese besondere Akzentuierung aus der ästhetischen Erfahrung stammen und also wiederum Tillichs Begegnung mit den expressionistischen Bildern reflektieren.

Denn der theologische Schritt vom Gesetz zum Evangelium setzt eine paradoxe Intervention, ein kreatives Handeln Gottes voraus, der seinem eigenen Gesetz durch ein neues und anderes Wort widerspricht. Der dialektische Umschlag einer abstrakten Negation in ihr Gegenteil, das Umschlagen des radikalen Zweifels bzw. der existentiellen Verzweiflung in Mut zu Sein[40] ist dagegen ein interner Übergang und darum mit der theologischen Grundfigur nicht vollumfänglich deckungsgleich. Der Bruch der Form als Vehikel neuer Formen, die Darstellung entfremdeten Lebens als Mittel der Überwindung von Entfremdung, die Einheit von Formzerstörung und Formaufbau – das alles stammt (wenn nicht aus der Lebensphilosophie Georg Simmels, so doch) aus Tillichs Expressionismusdeutung.

Insofern scheint mir Tillichs spezifische Erläuterung des Religionsbegriffes eine Nachbarschaft zur expressionistischen Kunst und Ästhetik aufzuweisen, für die die Konversion von Formzerstörung in Formaufbau charakteristisch ist[41]. Theologisch interessant ist der Expressionismus für Tillich nicht aufgrund seiner religiösen Themen, wie sie bei Ernst Nolde, bei Franz Marc oder bei Wassily Kandinsky zweifellos zu finden sind, sondern weil dieser in seinem Umgang mit den ästhetischen Formen eine Bewegung vollzieht, die Tillich als religiöse Grunderfahrung gilt und die in der Spannung zwischen Sünde und Gnade, zwischen Gesetz und Evangelium, zwischen *mortificatio* und *iustificatio* ihre spezifisch protestantische Gestalt gefunden hat. Während der Impressionismus in seiner Affirmation der endlichen Formen sozusagen bei Tillich die unwahre Heilsprophetie der bürgerlichen Gesellschaft bildet, ringe in der expressionistischen Auflösung der Eigenformen der Dinge ein »form-

---

40 Vgl. u.a. P. TILLICH, Der Mut zum Sein, in: Gesammelte Werke, Bd. 11: Sein und Sinn 2. Schriften zur Ontologie, Stuttgart ^{2}1976, 11–139.

41 Zur Begründung vgl. M. MOXTER, Kultur als Lebenswelt. Studien zum Problem einer Kulturtheologie (= HUT 38), Tübingen, 2000, 82-101; 152ff.

zersprengender religiöser Gehalt nach Form«[42] und setze so Negation und Neuschöpfung gleichermaßen ins Werk. Mit der ästhetischen Erfahrung verbindet sich dann das quasirevolutionäre Bewusstsein, die bürgerlichen Ordnungen um des Außerordentlichen, die verkrusteten Formen um des Lebens willen brechen zu müssen.

Die systematischen Beziehungen zwischen der Rechtfertigungstheologie Tillichs und seiner Expressionismusdeutung führen zu einer verschärften Selbstbesinnung auf das Eigentümliche des Protestantismus, wie sie in Tillichs Aufsatz *Protestantismus als kritisches und gestaltendes Prinzip* (1929) ihre abschließende systematische Darlegung findet.

Was die Seite des Negativen angeht, so verschränkt Tillich die von der alttestamentlichen Schriftprophetie vorgetragene Kult- und Sozialkritik mit dem reformatorischen Protest gegen eine im Äußerlichen verbleibende Werkgerechtigkeit. Beide historischen Erscheinungen richteten sich gegen die Verwechslung von Bedingtem und Unbedingtem und zwar aufgrund des rechten Glaubens an Gott und zugunsten der Liebe zum Nächsten (bzw. der sozialen Gerechtigkeit für die Benachteiligten). Hier wie dort handele es sich um Selbstkritik der Religion, also um deren Vertiefung durch eine Wendung gegen sich selbst, um eine Einsprache gegen ihre eigene Tendenz zur Veräußerlichung. Weil es ihm auf kritische Distanz gegenüber sich selbst ankommt, entfaltet Tillich seinen Begriff der protestantischen Kritik auch gegen die betuliche Selbsteinschätzung und die naive Heilserwartung einer vom Rückfall in Gesetzlichkeit bedrohten religiös-sozialistischen Bewegung, der er in den zwanziger Jahren selbst angehört.

---

42 TILLICH, Theologie der Kultur, 78.

Protestantismus ist in dieser Hinsicht wesentlich oder sozusagen von Haus aus eine Absage gegenüber jedem »Absolutismus eines Konkreten«[43]. Jede Form, die sich als unendlich wichtig aufspielt, obwohl sie doch endliche Form ist und bleibt, wird in solcher Kritik düpiert, entlarvt, im Grenzfall zerbrochen. Kein Bedingtes darf sich als Unbedingtes gerieren und letzte Macht über das menschliche Leben zu gewinnen versuchen. Das sind vertraute Motive schon der biblischen Texte, die von Tillich als eine Wesensbestimmung prophetischer (und dann auch protestantischer) Kritik interpretiert werden.

Der Widerspruch gegen die Tradition und die Abständigkeit der wahren Christenheit gegenüber den historisch gewachsenen Kirchentümern bringt Tillichs Theologie auf einen kritischen Pfad, der in die »Opposition [...] gegen die kapitalistische und militaristische Gesellschaftsordnung« mündet, »in der wir stehen und deren letzte Konsequenzen im Weltkrieg offenbar geworden sind«[44].

---

43 P. TILLICH, Kairos, in: J. CLAYTON (Hg.), Main Works, Bd. 4: Writings in the Philosophy of Religion/Religionsphilosophische Schriften, Berlin/New York 1987, 53–72, hier 71. Vgl. auch P. TILLICH, Our Protestant Principle, in: G.Hummel (Hg.), Main Works, Bd. 6: Theological Writings/Theologische Schriften, Berlin/New York 1992, 247–254, hier 249: »Protestantism affirms the absolute majesty of God alone and raises prophetic protest against every human claim, ecclesiastical or secular, to absolute truth and authority«. Der prophetische wird zum protestantischen Protest, wo diese Absage an den »Absolutismus eines Konkreten« aus dem Glauben an ein »konkrete[s] Absolute[s]« (P. TILLICH, Systematische Theologie, Bd. 1, Berlin/New York 81984, 178) resultiert.

44 Wie es 1919 heißt: P. TILLICH, Der Sozialismus als Kirchenfrage, in: Gesammelte Werke, Bd. 2: Christentum und soziale Gestaltung. Frühe Schriften zum religiösen Sozialismus, Stuttgart 1962, 13–20, hier 14.

Andererseits aber – und das ist die Pointe der aus dem Titel des Aufsatzes stammenden (und später von einem EKD-Impulspapier aufgenommenen) Begriffskombination: *Kritik und Gestalt*[45] – darf der Protestantismus sein der Verabsolutierung des Endlichen entgegengesetztes ›Nein!‹ nicht in der Weise vergrundsätzlichen, dass er nur noch die Eitelkeit leerer Bedenken gegen alles Endliche schleudert. Nichts wäre billiger als solches Ungnädigsein. Nichts wäre zugleich abstrakter als eine generelle Kritik der Endlichkeit, die sich auf konkrete Unterschiede gar nicht erst einlässt. Um beide Fehlentwicklungen auszuschließen, betont Tillich darum immer wieder, dass protestantische Kritik nicht ausschließlich im Negativen haust, sondern von der Grundüberzeugung und Substanz priesterlicher Religion lebt und darum auch Mut zur Anerkennung der Gestalt und vor allem Mut zu eigener Gestaltung hat. Der Glaube an die Präsenz Gottes motiviert die Kritik, setzt dieser aber auch eine heilsame Grenze, weil Negation und Gericht nicht um ihrer selbst willen betrieben werden und nicht das letzte Wort behalten.

Eine Kirche, welche die Präsenz Gottes sakramental feiert und sich dabei als amtsgebundene Heilsanstalt inszeniert, bedarf der beständigen Kritik – an ihrem inkarnationstheologischen Ausgangspunkt ist dennoch nichts grundsätzlich falsch. Im Gegenteil: Präsenz Gottes bei und unter den Menschen, Gegenwart des Heiligen in der Welt und darum auch eine interne Beziehung zwischen dem Geist Gottes und den Gestalten der menschlichen Kultur bilden den Grundton, auf den die Kritik jedes falsch verstandenen ›Gott bei uns‹ gestimmt sein muss, wenn sie christlich sein will. Deshalb

---

45 Gestaltung und Kritik – Zum Verhältnis von Protestantismus und Kultur im neuen Jahrhundert, hg. v. Kirchenamt der EKD, Hannover 1999; cf. auch: Räume der Begegnung. Religion und Kultur in evangelischer Perspektive. Eine Denkschrift, hg. v. Kirchenamt der EKD, Gütersloh 2002, 26ff.

gilt für Tillich: Aufgrund ihres Glaubens an die Präsenz Gottes traut sich die protestantische Kirche – trotz der Risiken erneuter Verfehlung des Absoluten –, Ordnungen und Lebensformen zu gestalten. Negation und Position verbinden sich in der paradoxen Einheit aus Endlichkeitskritik und Gestaltungsmut. Oder in Tillichs Worten formuliert: in der Einheit von Kritik der Form und Gestalt der Gnade.

Das protestantische Selbstbewusstsein der christlichen Religion setzt also auf Kritik und liberalen Freiheitssinn, schlägt aber die Funken des Protestes aus dem Glauben an die Präsenz Gottes, wie er sich in der christlichen Inkarnationsvorstellung artikuliert, letztlich aber aus der diese vorbildenden Schechina-Konzeption jüdischer Zionstheologie[46] speist. Durch diesen Hintergrund unterscheidet sich die religiöse Kritik vom rationalen Kritizismus der kantisch-nachkantischen Moderne. Mag jene sich auch in diesem konkretisieren und ausdifferenzieren, so fällt sie doch nicht mit ihm zusammen. Vielmehr verleiht sie ihm erst Tiefe und letzten Sachgrund[47], indem sie die rationale Kritik zu deren eigenem Besten begrenzt.

Indem Tillich mit dieser Zuordnung von Kritik und Gestalt die ›Rechtfertigung des Gottlosen‹ zum »eigentlich kritischen Begriff des Protestantismus«[48] erklärt, entfaltet er den *articulus iustificationis* als eine gegenwartserhellende Kulturdiagnostik. Rechtfertigungslehre ist für ihn keine vergangene Angelegenheit im Umbruch des Spätmittelalters zur frühen Neuzeit, auch kein Problem der religions-

46 Vgl. hierzu H. GESE, Vom Sinai zum Zion. Alttestamentliche Beiträge zur biblischen Theologie, München 1974.

47 Vgl. hierzu P. TILLICH, Der Protestantismus als kritisches und gestaltendes Prinzip, in: Main Works, Bd. 6: Theological Writings/Theologische Schriften, Berlin/New York 1992, 127–150, hier 131.

48 TILLICH, Prinzip.

psychologischen Gemütslage Luthers oder des sich gegen den Ablass behauptenden kurfürstlichen Finanzwesens, sondern Inbegriff der prägenden Kraft eines Protestantismus, der die Ambivalenz kultureller Ordnungen und die Dynamik ihrer Veränderungen theologisch deutet und durchschaubar macht.

Die Analogie zwischen Rechtfertigungslehre und expressionistischer Bilderfahrung wird also durch eine spezifische Auffassung des protestantischen Prinzips motiviert, mit der Tillich die Perspektiven seiner Kulturtheologie insgesamt erschließt. Doch damit nicht genug. Um die Gemengelage von ästhetischer, allgemein-religiöser und spezifisch-evangelischer Erfahrung einigermaßen würdigen zu können, muss man noch ein weiteres Themenfeld in den Blick nehmen: Tillichs Christologie. Sie kann hier aus Raumgründen nur noch kurz und skizzenhaft bedacht werden, verdient aber doch ungeteilte Aufmerksamkeit.

4. Das neue Sein oder: Christologie als Bildlehre

Der Höhepunkt einer auf Verschränkung von Gottesglaube und ästhetischer Erfahrung, von Religion und Bildlichkeit ausgerichteten Theologie findet sich bei Tillich in dessen kreuzestheologisch ausgerichteter Christologie. Was dieser Theologe aus Bildern meint gelernt zu haben, wird also erst deutlich, wenn Klarheit darüber erzielt wird, warum Tillich ein expressionistisches Portrait zur Grundlage des christlichen Glaubens erklären kann. Der Herausgeber der kulturtheologischen Schriften Tillichs bemerkt dazu: »Bezeichnenderweise gehört das erfolgreichste aller expressionistischen Portraits nicht zum Expressionismus. Es ist das biblische Bild von Jesus als dem Christus, das ursprünglich ›verbale Bild‹, von dem alle folgenden Bilder abhängig sind«[49].

Eine Aufklärung dieser Behauptung muss den Kontext berücksichtigen: Es geht in ihr um Tillichs Beitrag zur Debatte um das Verhältnis zwischen ›historischem Jesus‹ und ›Christus des Glaubens‹. Tillich folgt seinem Hallenser Lehrer Martin Kähler, der ihn also nicht nur hinsichtlich der Zentralstellung der Rechtfertigungstheologie, sondern auch in der Perspektive auf die Leben-Jesu-Forschung[50] nachhaltig prägt. Bereits Kähler hatte den Bildbegriff in die Debatte eingebracht und seine Unterscheidung zwischen den historischen Quellen einerseits und dem biblischen Zeugnis andererseits an diesem ausgerichtet: »Wir besitzen keine Quellen für ein Leben Jesu, welche ein Geschichtsforscher als zuverlässige und ausreichende gelten lassen kann. [...] Ein glaubwürdiges Bild des Heilandes für Gläubige ist ein sehr andres Ding, und davon ist nachher die Rede«[51]. Was ›glaubwürdig für Gläubige‹ sein soll, könne kein bloßes »Phantasiebild der Gemeinde« sein, nichts, das sich ausschließlich frommer Imagination verdanke[52]. Vielmehr stimme für Jesus, was für alle geschichtlich ›großen Männer‹ gelte, nämlich dass er ein »seine Nachwelt mitbestimmender Mensch«[53] war - nur habe er seine außerordentliche Wirkung allein über das gepredigte Wort entfaltet: »[H]ier hat der Mann in seiner unvergleichlichen und machtvollen

49 PALMER, Theologie der Kultur, 64; vgl. auch TILLICH, Kunst und Gesellschaft, 29, sowie ders., Systematische Theologie, Bd. 2, Berlin/New York [8]1987, 126f.

50 Vgl. M. KÄHLER, in: E. WOLF (Hg.), Der sogenannte historische Jesus und der geschichtliche, biblische Christus, München [2]1956.

51 A.a.O., 21.

52 Ebd. Die diesbezügliche Bildmetaphorik zieht sich durch den Text: vgl. a.a.O., 25.27f.36.41.55f.59.66.68.72.74. 98.

53 A.a.O., 37.

Persönlichkeit, mit seinem Handeln und Erleben ohnegleichen bis in die Erweisungen des Auferstandenen hinein sein Bild in den Sinn und in die Erinnerung der Seinigen mit so scharfen, so tief sich eingrabenden Zügen hineingezeichnet, daß es nicht verlöscht, aber auch nicht verzeichnet werden konnte«[54]. In diesem Sinne gelte: »[D]*er wirkliche Christus ist der gepredigte Christus*«[55].

Gedacht ist also an die Prägnanz eines Bildes, »das sich den Seinigen in großen Umrissen hier, in einzelnen Strichen dort tief eingeprägt«[56] habe, und zwar so gründlich, dass die das Neue Testament Lesenden in der Wahrnehmung dieses Bildes zum Glauben finden. Sie glauben nicht um der Autorität der Schrift willen, sondern weil Christus »selbst uns den Glauben abgewinnt«, der insofern »*selbst* [...] *der Urheber dieses Bildes*«[57] sei. Das von Christus in den neutestamentlichen Autoren erzeugte Bild seiner selbst geht also so in deren Texte ein, dass es in der gegenwärtigen Rezeption zur Inversion der Betrachtung kommen könne: »... aus diesen Zügen schaut uns [!] die Person unsres lebendigen Heilandes an, die Person [...] des offenbaren Gottes«[58]. Wer die Texte richtig lese, könne die Präsenz der ihm historisch entzogenen Person Jesu in der Betrachtung des Christusbildes erfahren.

Tillich schließt sich dieser Konzeption Kählers an, wenn er seinerseits erklärt: »Nicht der historische Jesus, sondern das biblische Christus*bild* ist das Fundament des christlichen Glaubens«[59]. Wie Kähler meint auch Tillich, dass kein einziger Zug dieses Bildes historisch ›verifiziert‹ werden

54 A.a.O., 72.
55 A.a.O., 44.
56 A.a.O., 45.
57 A.a.O., 68.
58 A.a.O., 45.
59 TILLICH, Grenze, 33.

könne, dies aber der Gewissheit keinen Abbruch tue, »daß das Neue Sein, das durch dieses Bild wirkt, die Kraft hat, uns zu verwandeln. Damit ist zugleich gesagt, daß hier eine *analogia imaginis* vorliegt, nämlich eine Analogie zwischen dem Bild und dem wirklichen persönlichen Leben, aus dem heraus es entstanden ist. Diese Wirklichkeit war es, die das Bild schuf, als sie den Jüngern begegnete. Und es war und ist noch immer dieses Bild, das die verwandelnde Macht des Neuen Seins ausstrahlt«[60].

Die Zentralstellung des imago-Begriffes und die Verschlingungen zwischen Bild*entstehung* und Bild*rezeption*, zwischen *illic et tunc* und *hic et nunc*, aber auch zwischen dem ersten Ausdruck christlichen Glaubens und seinem gegenwärtigen Eindruck bzw. zwischen ursprünglicher und heute wirksamer Erfahrung zeigen eine deutliche Anlehnung an Kählers Konzeption[61]. Beide Autoren verbindet eine rezeptionsästhetische (oder zumindest: rezeptionsorientierte) Pointierung, die das Bild unter dem Gesichtspunkt begreift, was es im Betrachter auslöst.

Inmitten dieser Anlehnung besteht die systematische Selbständigkeit Tillichs in der christologisch-kreuzestheologischen Wendung, die er dem Bildbegriff gibt. Was sich im Bild Jesu zeigt (manifestiert), ist neben seinen Worten und Taten[62] in erster Linie sein Leiden, näherhin der Umstand, dass er sich in seinem Tod »als Jesus preisgibt an sich als Christus«[63]. In dieser Negativität des Selbstbezuges manifes-

---

60 TILLICH, Systematische Theologie, Bd. 2, 125.

61 Dass der Name Kählers im gesamten Abschnitt nicht einmal fällt, nannte man früher: eine ›anonyme Beisetzung‹ prägender Autoren. Heute spräche man wohl eher von verwischten Spuren des Studiums – wenn man nicht gar ein Plagiat entdeckt.

62 Vgl. TILLICH, Systematisch Theologie, Bd. 2, 132f.

63 A.a.O., 134. Vgl. zu dieser kenosis-Theologie auch J. RINGLEBEN, Gott denken. Studien zur Theologie Paul Tillichs, Münster 2013.

tiert sich nach Tillich das Neue Sein. Das Kreuz ist deshalb der »anschauliche Ort« des göttlichen »Nein und Ja über die Welt«[64]. Es ist Symbol für Gericht und Gnade, aber auch für die Selbstnegation alles Symbolischen, das – über sich selbst hinausweisend – Transzendenz und Negativität vermittelt[65]. Wenn das Bild des Neuen Seins, das sich der christlichen Gemeinde in der Geschichte Jesu einprägt, wesentlich durch die Gegenläufigkeit von Manifestation und Selbstnegation bestimmt ist, wenn die oben dargelegte Beziehung zwischen den sakramentalen und den prophetisch-kritischen Elementen der Religion ihre Einheit »in dem neutestamentlichen Bilde des gekreuzigten Christus«[66] finden, so ist offensichtlich, dass die Orientierung am Bildbegriff sich bis in die Christologie hinein fortsetzt. In ihr und durch sie gewinnt sie theologische Legitimität.

5. Fazit

Fragt man, warum es sich Tillich nahelegen konnte, den Bildbegriff in einer Weise einzuführen, bei der nicht die realistische Abbildung und Widerspiegelung des Lebens Jesu gegen den Verdacht bloßer Gemeindeprojektionen ins Feld geführt wird, sondern »die Möglichkeit eines ›expressionistischen‹ Portraits«[67], so zeigt sich die weitreichende Kopplung

---

64 TILLICH, Grenze, 32.

65 Vgl. hierzu auch RINGLEBEN, Gott denken.

66 TILLICH, Grenze, 29

67 TILLICH, Systematische Theologie, Bd. 2, 126. Die Erläuterung lautet: »›Expressionistisch‹ wird hier ein Stil genannt, der jenseits der Alternative naturalistisch-idealistisch steht. [...] Der expressionistische Maler versucht, in die tiefsten Schichten der Person, die er malt, einzudringen. Aber er kann es nur durch innere Teilnahme am Wesen und an der Wirklichkeit dessen, den er malen will. Auf

zwischen Ästhetik und Theologie, zwischen Bilderfahrung und theologischem Begriff, die Tillichs Theologie auszeichnet. Nicht an der Identifikation des Unbedingten in allen Kulturgestalten, nicht an der Freilegung der Religion in der Substanz der säkularisierten Kultur gründet die Leistungskraft von Tillichs Kulturtheologie, sondern in ihrer – ebenso eigenwilligen wie produktiven – Verknüpfung von kritischem Protestantismus, evangelischem Rechtfertigungsglauben und zeitgenössischer Bilderfahrung.

---

diese Weise schafft er weder eine Photographie [...] noch eine Idealisierung, sondern einen Ausdruck des innersten Wesens seines Gegenstandes« (a.a.O., 126f.).

Christian Danz

Vom natura sua Gott setzenden Bewusstsein zum Meinen des Unbedingten.

Überlegungen zu Paul Tillichs Religionsphilosophie

Hermann Cohens 1916 erschienene Schrift ›Der Begriff der Religion im System der Philosophie‹ galt der Stellung der Religion in der Kultur.[1] Ihr komme, wie der Marburger Neukantianer resümiert, keine Selbständigkeit zu, wohl aber eine Eigenart. Dies habe vor allem bewusstseinstheoretische Gründe: das »System der Philosophie« sei nämlich in »den drei Gliedern, welche Kant aufgestellt hat, geschlossen«. »Was könnte es noch anderes geben außer der reinen Erkenntnis, dem reinen Willen, dem reinen Gefühle und der sie alle zusammenfassenden Einheit des Bewußtseins?«[2] Das System der Kultur ist mit den drei Bewusstseinsfunktionen Erkenntnis, Wille und Gefühl vollständig bestimmt, so dass die Religion auf keiner eigenen Bewusstseinsfunktion fußt. Sie fungiert als Ausrichtung der Realisierung des Kulturbe-

1 Vgl. H. COHEN, Der Begriff der Religion im System der Philosophie, Hildesheim/Zürich/New York 1996, 9. Zur Religionsphilosophie von Cohen vgl. D. KORSCH, Individualität als Gesetz. Der Begriff der Religion im System der Philosophie Hermann Cohens, in: ders., Dialektische Theologie nach Karl Barth, Tübingen 1996, 273–296.

2 COHEN, Begriff der Religion, 15.

wusstseins auf die Idee. Die von Cohen vorgenommene Loslösung der Religion von den transzendentalen Bewusstseinsfunktionen ist signifikant für die kultur- und religionsphilosophische Debattenlage im Neukantianismus um 1900.[3] Sie markiert auch den Problemhorizont von Paul Tillichs Religionsphilosophie, wie sie dieser in den 1920er Jahren ausgearbeitet hat.[4] Ähnlich wie Cohen ist der junge Tillich der Meinung, dass die Religion keiner besonderen Bewusstseinsfunktion zugeordnet werden könne. Sie sei »keine Sinnsphäre neben den anderen«, »sondern eine Haltung in allen Sphären: Die unmittelbare Richtung auf das Unbedingte«.[5] Damit hält Tillich, wie seine grundlegende Bestimmung aus seiner 1925 publizierten Religionsphilosophie erkennen lässt, an einem Bezug der Religion auf die Kultur fest. Hier heißt es, »die Kultur ist Ausdrucksform der

---

3 Vgl. nur W. WINDELBAND, Das Heilige. Skizze zur Religionsphilosophie, in: ders., Präludien. Aufsätze und Reden zur Philosophie und ihrer Geschichte, Bd. 2, Tübingen [7/8]1921, 295–332; K. BARTH, Ideen und Einfälle zur Religionsphilosophie, in: ders., Vorträge und kleinere Arbeiten 1909–1914 (= K. Barth, GA III. Vorträge und kleinere Arbeiten), hg. v. H.-A. DREWES/H. STOEVESANDT, Zürich 1993, 129–138. Zur religionsphilosophischen Debatte um 1900 vgl. G. PFLEIDERER, Theologie als Wirklichkeitswissenschaft. Studien zum Religionsbegriff bei Georg Wobbermin, Rudolf Otto und Max Scheler, Tübingen 1992.

4 Vgl. auch P. TILLICH, Religionsphilosophie (Sommersemester 1920), in: ders., Berliner Vorlesungen I (1919–1920), hg. v. E. STURM, Berlin/New York 2001, 333–565, bes. 432–434; ders., Religionsphilosophie, in: ders., Frühe Hauptwerke, Stuttgart [2]1959, 295–364. Zu Tillichs Verhältnis zum Neukantianismus vgl. M. MOXTER, Kritischer Intuitionismus. Tillichs frühe Religionsphilosophie zwischen Neukantianismus und Phänomenologie, in: C. DANZ/W. SCHÜSSLER (Hg.), Religion – Kultur – Gesellschaft. Der frühe Tillich im Spiegel neuer Texte (1919–1920), Wien 2008, 173–195.

5 P. TILLICH, Das System der Wissenschaften nach Gegenständen und Methoden, in: ders., Frühe Hauptwerke, Stuttgart [2]1959, 109–293, hier 228.

Religion, und die Religion ist Inhalt der Kultur«.[6] Die Religion ist dieser Formulierung zufolge sowohl auf die Kultur bezogen als auch von ihr unterschieden. Diesen differenzierten Zusammenhang zum Ausdruck zu bringen, dürfte auch die Funktion der späteren Formulierung Tillichs sein, wonach die Religion die Substanz der Kultur und Kultur die Form der Religion sei.[7]

Den problemgeschichtlichen Hintergrund dieser kulturtheologischen Konzeption des jungen Tillich bildet der Konflikt zwischen der Religion und der modernen Kultur.[8] Er resultiert aus der Entwicklungsgeschichte der Moderne, die zu einer autonomen Kultur geführt hat, neben der sich eine besondere religiöse Sphäre mit einem spezifisch religiösen Erkennen und Handeln herausbildete. »Solange noch in irgendeiner Form neben der Wissenschaft ein Dogma, neben der Gesellschaft eine ›Gemeinschaft‹, neben dem Staat eine Kirche steht, die bestimmte Sphären für sich in Anspruch nehmen, ist die Autonomie des Geisteslebens bedroht, ja aufgehoben. Denn es entsteht dadurch eine doppelte Wahrheit, eine doppelte Sittlichkeit, ein doppeltes Recht, von denen je eines nicht aus der Gesetzmäßigkeit der betreffen-

6 TILLICH, Religionsphilosophie, 329.

7 Vgl. P. TILLICH, Religion and Secular Culture, in: ders., Kulturphilosophische Schriften, Berlin/New York 1990, 197–207, bes. 199: »Religion is the substance of culture and culture the form of religion.« Vgl. hierzu W. SCHÜSSLER, Abkehr von der Bewusstseinsphilosophie. Zur Kulturtheologie des späten Tillich, in: C. DANZ/ders. (Hg.), Paul Tillichs Theologie der Kultur. Aspekte – Probleme – Perspektiven, Berlin/Boston 2011, 152–168.

8 Zur Kulturtheologie Tillichs vgl. M. MOXTER, Kultur als Lebenswelt. Studien zum Problem einer Theologie der Kultur, Tübingen 2000, 13–101; M. HARANT, Religion – Kultur – Theologie. Eine Untersuchung zu ihrer Verhältnisbestimmung im Werke Ernst Troeltschs und Paul Tillichs im Vergleich, Frankfurt a. M. 2009; DANZ/SCHÜSSLER (Hg.), Paul Tillichs Theologie der Kultur.

den Kulturfunktionen geboren ist, sondern aus einer fremden Gesetzlichkeit, die die Religion gibt.«[9] Das Nebeneinander von Religion und Kultur, von Unbedingtem und Bedingtem führt deshalb zu Spannungen und Konflikten, weil die Religion bzw. das »Absolutheitsbewußtsein des Religiösen«[10] nicht neben den bedingten Formen der Kultur stehen und die auf Autonomie und Eigengesetzlichkeit fußende moderne Kultur keine ihre Autonomie einschränkende Religion neben sich dulden kann. Religion als eine Kulturform neben anderen kulturellen Formen ist für Tillich ein Indikator für einen Konflikt. Die Religion als kulturelle Form hat sich nicht nur selbst als Religion bereits aufgelöst, sondern sie widerspricht auch der auf Eigengesetzlichkeit beruhenden modernen Kultur. Sie wird – wie Tillichs Formel hierfür lautet – heteronom, d.h. sie unterwirft die autonome Kultur einem ihr fremden Gesetz. Die auf der Autonomie fußende moderne Kultur hingegen tendiert zu einem Formalismus und mithin zu einer Auflösung allen Gehalts, zur »Anomie«.[11] Die Überwindung des Konflikts ist damit sowohl im Interesse der Religion als auch der Kultur.

Um die methodischen Grundlagen von Tillichs komplexer Bestimmung des Verhältnisses von Religion und Kultur in dessen geisttheoretisch fundierter Religionsphilosophie soll es in den folgenden Ausführungen gehen. Deren erste Ansätze reichen in seine Schriften aus der Zeit vor dem Ersten Weltkrieg zurück, und sie erfahren in der Zeit nach dem

---

9 P. TILLICH, Über die Idee einer Theologie der Kultur, in: ders., Ausgewählte Texte, Berlin/New York 2008, 25–41, hier 30.

10 P. TILLICH, Rechtfertigung und Zweifel (1. Version), in: ders., Religion, Kultur, Gesellschaft. Unveröffentlichte Texte aus der deutschen Zeit (1908–1933). Erster Teil, Berlin/New York 1999, 128–185, hier 131.

11 P. TILLICH, Kairos, in: ders., Ausgewählte Texte, Berlin/New York 2008, 43–62, hier 56.

Krieg eine Transformation. Erst die von Tillich in der Zeit nach 1917 vorgenommene Umformung seiner Theologie ermöglicht es ihm, das Verhältnis von Religion und Kultur genauer zu bestimmen, als es ihm zuvor möglich war. Zum methodischen Grundbegriff seiner Religionstheorie avanciert nun der Sinnbegriff. Mit seiner sinntheoretischen Begründung der Religions- und Kulturtheorie knüpft Tillich an die zeitgenössischen Debatten zwischen Neukantianismus und Phänomenologie an und entwickelt ein eigenständiges, ambitioniertes Programm einer Kulturtheologie.[12]

Im ersten Abschnitt ist kurz den Aufbauelementen von Tillichs früher Religionsphilosophie nachzugehen, die er sich in seiner Auseinandersetzung mit der spekulativen Philosophie Schellings erarbeitet hat. Der zweite Abschnitt ist Tillichs sinntheoretischer Geistphilosophie gewidmet, welche den Explikationsrahmen seiner Religions- und Kulturtheorie bildet. Abschließend kann dann im dritten Abschnitt der in sich gestufte Religionsbegriffs Tillichs sowie dessen kulturtheoretische Ausformung rekonstruiert werden.

1. Religion als Gottesverhältnis, oder: die Religionsphilosophie des jungen Tillich

Signifikant für Tillichs Religionsphilosophie der 1920er Jahre – wie sie etwa in der bekannten Formulierung, Religion sei Richtung auf das Unbedingte, zum Ausdruck kommt – ist der Umstand, dass Tillich auf eine Anbindung der Reli-

12 Vgl. U. BARTH, Die sinntheoretischen Grundlagen des Religionsbegriffs. Problemgeschichtliche Hintergründe zum frühen Tillich, in: ders., Religion in der Moderne, Tübingen 2003, 89–123.

gion an eine bestimmte transzendentalgesetzliche Bewusstseinsfunktion verzichtet. Die Grundlage der Religion ist keine bestimmte Funktion des Geistes, sondern dessen Selbstverhältnis als solches. Eine solche Einordnung der Religion in den Aufbau des menschlichen Bewusstseins hatte bereits der junge Tillich ausgearbeitet. Erste Überlegungen hierzu finden sich in seiner philosophischen Dissertation von 1910 mit dem Titel ›Die religionsgeschichtliche Konstruktion in Schellings positiver Philosophie, ihre Voraussetzungen und Prinzipien‹, der theologischen Dissertationsschrift ›Mystik und Schuldbewusstsein in Schellings philosophischer Entwicklung‹ von 1912 sowie in der ›Systematischen Theologie‹ von 1913.[13] Diese Texte zeichnen sich dadurch aus, dass sie sich kritisch auf die zeitgenössische religionsphilosophische Debatte beziehen und im Anschluss an die spekulative Philosophie Schellings eine Lösung derjenigen Schwierigkeiten geben wollen, die mit den »idealistisch-religionsgeschichtlich-e[n]« Konzeptionen der Gegenwart verbunden sind. Tillich selbst bezieht sich ausdrücklich auf Ernst Troeltsch und Rudolf Eucken.[14] Die philosophische Dissertation, die Tillich 1910 an der Universität Breslau einreichte,[15] lässt sich durchweg als ein kritischer Gegenentwurf zur Religions- und Geschichtsphiloso-

---

13 Vgl. P. TILLICH, Die religionsgeschichtliche Konstruktion in Schellings positiver Philosophie, ihre Voraussetzungen und Prinzipien, in: ders., Frühe Werke, Berlin/New York 1998, 154–272; ders., Mystik und Schuldbewußtsein in Schellings philosophischer Entwicklung, in: ders., Frühe Hauptwerke, Stuttgart 21959, 13–108; ders., Systematische Theologie, in: ders., Frühe Werke, Berlin/New York 1998, 278–434.

14 TILLICH, Konstruktion, 158.

15 Zu den Hintergründen vgl. G. NEUGEBAUER, Tillichs frühe Christologie. Eine Untersuchung zu Offenbarung und Geschichte bei Tillich vor dem Hintergrund seiner Schellingrezeption, Berlin/New York 2007, 155–158. 392–399.

phie von Ernst Troeltsch verstehen, wie sie dieser in seiner Absolutheitsschrift von 1902 ausgeführt hatte.[16] Im Folgenden interessieren die grundlegenden Aufbauelemente von Tillichs Deutung des Schellingschen Religionsbegriffs. Die hier von ihm herausgearbeitete Unterscheidung von ›Religion als Prinzip‹ und ›aktueller, wirklicher Religion‹ markiert eine Grundstruktur, die sich – aller späteren Modifikationen und Verschiebungen der Theoriegrundlagen ungeachtet – durch das Gesamtwerk Tillichs bis hin zur Systematischen Theologie durchhält.[17]

Im dritten Abschnitt seiner Dissertation von 1910 wendet sich Tillich dem Religionsbegriff Schellings zu, wie ihn

16 Vgl. E. TROELTSCH, Die Absolutheit des Christentums und die Religionsgeschichte (1902/1912) mit den Thesen von 1901 und den handschriftlichen Zusätzen (= KGA, Bd. 5), hg. v. T. RENDTORFF in Zusammenarbeit mit S. PAUTLER, Berlin/New York 1998. Der Bezug von Tillichs Schellingstudien auf Troeltschs Konzeption wird bereits an der ursprünglichen Titelformulierung des Dissertationsprojekts ersichtlich: Die Absolutheit des Christentums und die Religionsgeschichte in Schellings positiver Philosophie. Im Text heißt es: »Wenn zwei so hervorragende Kenner der Religionsgeschichte wie Schelling und Tröltsch [...] zu so entgegengesetzten Resultaten kommen, dann liegt das aber an der Verschiedenheit des Gottesgedankens. Tröltsch hat nie aus seiner Übereinstimmung mit einem Euckenschen, d.h. aber modificiert Fichteschen Idealismus ein Hehl gemacht. Er steht damit auf einer Stufe der idealistischen Gesamtentwicklung, die vor Schellings Freiheitslehre liegt. Die erste Aufgabe ist es zu zeigen, wie Schelling über diese Epoche hinausgeschritten ist bis zu dem Endpunkt seiner Entwicklung, der positiven Philosophie.« P. TILLICH, Die Absolutheit des Christentums und die Religionsgeschichte in Schellings positiver Philosophie, unveröffentlicht, in: Amerikanisches Paul-Tillich-Archiv an der Andover-Harvard Theological Library, Cambridge, Mass., Box 101/2, Bl. 7. Zitiert nach W. SCHÜSSLER/E. STURM, Paul Tillich. Leben – Werk – Wirkung, Darmstadt 2007, 5.

17 Vgl. P. TILLICH, Systematische Theologie, Bd. 3, Stuttgart 1966, 107–130.

dieser in seinen Vorlesungen über Philosophie der Offenbarung und Philosophie der Mythologie aus den 1830er und 1840er Jahren ausgeführt hat. Als grundlegende und für die gegenwärtigen Debatten weiterführende methodische Einsicht der Philosophie Schellings insgesamt wertet Tillich, dass dieser kein »selbständiges Apriori für die religiösen Erscheinungen« aufgestellt habe.[18] »Nicht in irgendeiner Form der Geistestätigkeit ist das Wesen der Religion zu suchen, sondern in der Geistigkeit des Menschen als solcher.«[19] Dem Verzicht auf eine Zuordnung der Religion zu einer der drei Geistesfunktionen – Denken, Handeln und Fühlen – korrespondiert nun zweierlei. Einmal: Für Schelling fußt die Religion auf der Geistigkeit des Menschen als solcher; die Religion wird also auf das Selbstverhältnis des menschlichen Bewusstseins und nicht auf eine besondere Geistesfunktion bezogen. Sodann bedeutet das aber, dass Schelling »den Religionsbegriff in Abhängigkeit vom Gottesbegriff« aufstellt.[20] Der spekulativen Methode Schellings zufolge ist der Gottesbegriff die Grundlage des Religionsbegriffs und nicht umgekehrt. Wenn ein angemessener Religionsbegriff jedoch nur von dem Gottesgedanken aus gewonnen werden kann, dann scheiden solche Begründungen der Religion, welche diese wie Troeltsch auf ein religiöses Apriori, also auf ein bestimmtes Bewusstseinsvermögen zurückführen wollen, als unzulänglich aus. Auf diese Weise würde nämlich der Gottesbegriff durch den Religionsbegriff begründet und mithin, wie sich Tillich ausdrückt, auf »dem Boden der relativen Geistigkeit«.[21] Die Religion lässt sich also nur angemessen im Ausgang vom Gottesbegriff begründen.

18 TILLICH, Konstruktion, 232.
19 TILLICH, Konstruktion, 233.
20 TILLICH, Konstruktion, 235.
21 TILLICH, Konstruktion, 236.

Tillich greift hierzu den von Schelling in seiner ›Historisch-kritischen Einleitung in die Philosophie der Mythologie‹ verwendeten Begriff eines natura sua Gott setzenden Bewusstseins auf und verzahnt in ihm den Gottesgedanken mit der Anthropologie zu einem Begriff der Religion.[22] »Die reine Substanz des menschlichen Bewußtseins ist das natura sua Gott Setzende: das menschliche Bewußtsein steht in einem realen, substantiellen Verhältnis zu Gott und dies Verhältnis ist das religiöse.«[23]

Wie ist diese Bestimmung der Religion – die reine Substanz des menschlichen Bewusstseins sei das natura sua Gott Setzende – zu verstehen, und was besagt sie für die Einordnung der Religion in das menschliche Bewusstsein? Tillich versteht Schellings spekulative Religionsphilosophie so, dass er Religion als ein Selbstverhältnis Gottes fasst. Das religiöse Verhältnis ist ein »innergöttliches Verhältnis Gottes zu sich als Natur«.[24] Der Begriff einer reinen Substanz des Bewusstseins steht also für jenes Verhältnis Gottes zu sich

22 Vgl. F.W.J. SCHELLING, Einleitung in die Philosophie der Mythologie. Erstes Buch: Historisch-kritische Einleitung in die Philosophie der Mythologie, in: ders., Sämmtliche Werke, Bd. XI, hg. v. K.F.A. SCHELLING, Stuttgart/Augsburg 1856, 185. Zu Schellings spekulativer Deutung der Mythologie vgl. C. DANZ, Das Werden Gottes im Bewusstsein der Menschheit. Der Begriff des Mythos bei Schelling, in: ders., Gott und die menschliche Freiheit. Studien zum Gottesbegriff in der Neuzeit, Neukirchen-Vluyn 2005, 28–44.

23 TILLICH, Konstruktion, 235. Vgl. G. NEUGEBAUER, Die geistphilosophischen Grundlagen der Kulturtheologie Tillichs vor dem Hintergrund seiner Schelling- und Husserlrezeption, in: DANZ/SCHÜSSLER (Hg.), Theologie der Kultur, 38–63, bes. 41–47; ders., Tillichs frühe Christologie, 169–175.

24 TILLICH, Konstruktion, 239. Die Fassung dieses Gedankens in der theologischen Dissertation von 1912 führt nicht über das eben Dargelegte hinaus. Vgl. P. TILLICH, Mystik und Schuldbewußtsein in Schellings philosophischer Entwicklung, 83. Vgl. hingegen G. NEUGEBAUER, Kulturtheologie, 44.

selbst. Er beinhaltet die Synthesis im Selbstverhältnis des Geistes als ein dem individuellen Geist übergeordneter Rahmen. Mit dieser Bestimmung ist das Prinzip der Religion gewonnen: Das menschliche Bewusstsein ist das Verhältnis Gottes zu sich selbst. Der individuelle Geist kommt folglich dann zur Wahrheit, wenn er sich selbst als Medium der Darstellung des absoluten Selbstverhältnisses erfasst.[25]

In der Dissertation von 1910 belässt es Tillich jedoch nicht bei dem soeben dargestellten spekulativen Religionsbegriff Schellings aus der Historisch-kritischen Einleitung in die Philosophie der Mythologie, sondern er stellt ihm einen zweiten zur Seite. Letzterer resultiert aus der Verknüpfung des Prinzips der Religion mit der Frage, wie sich dieses zu den Bewusstseinsfunktionen Denken, Handeln und Fühlen verhält.26 In der genannten Problemstellung – die über Schellings eigene Ausführungen hinausgeht – zeigt sich das spezifische Interesse des jungen Tillich: Ihm geht es nicht allein um das Prinzip der Religion, sondern vor allem um die Frage, wie sich die aktuelle Religion in der Geschichte verwirklicht.[27] Das als reine Substanz des Bewusstseins bestimmte Prinzip der Religion stellt die Einheitsfunktion im Selbstverhältnis des Geistes dar, aber jene kann sich nur durch und in den drei Geistesfunktionen des Bewusstseins

---

25 Vgl. P. TILLICH, 128 Thesen: Die christliche Gewißheit und der historische Jesus, in: ders., Briefwechsel und Streitschriften. Theologische, philosophische und politische Stellungnahmen und Gespräche, Frankfurt a. M. 1983, 31–50, bes. 41.

26 Vgl. TILLICH, Konstruktion, 240: »Es entsteht nun noch die Frage, welche positive Bedeutung die drei Vernunfttätigkeiten für das religiöse Verhältnis haben. Zwar daß eine von ihnen die spezifisch religiöse ist, ist durch die gesamte Konstruktion ausgeschlossen; denn die reine Substanz des Bewußtseins ist das prius jeder einzelnen Vernunfttätigkeit.«

27 Vgl. NEUGEBAUER, Kulturtheologie, 44.

verwirklichen.[28] Tillich unterscheidet also zwischen einem Prinzip der Religion und der aktuellen, wirklichen Religion. Das Prinzip der Religion stellt die als Verhältnis Gottes zu sich selbst gefasste Synthesisfunktion des Bewusstseins dar. Die wirkliche Religion hingegen ist die Erfassung dieser Einheitsfunktion in den Geistesfunktionen des Denkens, Handelns und Fühlens.

Mit solcher Zuordnung von Prinzip und wirklicher Religion ist das Grundthema der Religionsphilosophie Tillichs präludiert. In ihm deutet sich das schwierige und von Tillich 1910 auch noch kaum gelöste Problem der Zuordnung und Unterscheidung von Religion und Kultur an. Die 1913 verfasste Systematische Theologie führt die in der Dissertation angedeutete Fassung des Religionsbegriffs auf einer veränderten prinzipientheoretischen Grundlage weiter und erörtert es erstmals im Rahmen einer Zuordnung von Kultur, Sittlichkeit und Religion. Die Unterscheidung von Religion als Prinzip und aktueller Religion wird nun von Tillich explizit auf den Konflikt zwischen Religion und moderner Kultur bezogen und als Lösung dieser »Scheinkonflikte« vorgeschlagen. »Die Religion als Prinzip, als substantielle Gebundenheit der Freiheit an die absolute Wahrheit ist etwas gewissermaßen Punktuelles, jeder Aktualität und Breite Enthobenes, absolute Innerlichkeit. Die Religion als Aktualität ergibt eine Bestimmtheit sämtlicher psychischer Funktionen, eben die spezifisch religiöse Bestimmtheit: ein Denken, Fühlen und Handeln, das sich auf Gott richtet; ohne dieses ist keine Religion lebendig; und doch wird dadurch die Religion hineingezogen in die übrigen Bestimmtheiten des Geistes, ein Stück Kultur.«[29]

28 Vgl. TILLICH, Konstruktion, 240f.

29 TILLICH, Systematische Theologie von 1913, in: ders., Frühe Werke , 278–434, hier 297.

Tillichs frühe religionstheoretische Überlegungen beziehen sich kritisch auf den problemgeschichtlichen Kontext der modernen Religionsphilosophie. Vor dem Hintergrund seiner Schellingrezeption bezieht er das Wesen der Religion auf den menschlichen Geist als solchen und unterscheidet sie von den Geistes- bzw. Kulturfunktionen des menschlichen Bewusstseins. Mit der in sich gestuften Fassung des Religionsbegriffs möchte Tillich die modernen Konflikte zwischen religiösem Dogma, Kultus und Gemeinschaft auf der einen und autonomer Wissenschaft, Ästhetik und Staat auf der anderen Seite überwinden. Sie haben ihren Anhalt an einer spezifischen religiösen Kultur im Unterschied zu anderen kulturellen Formen. Der moderne Konflikt ist nur so zu überwinden, dass die Religion als die reine Substanz des menschlichen Bewusstseins verstanden wird und nicht mehr als eine eigene Kulturfunktion. Dadurch ist die Religion von der Kultur unterschieden, und zugleich kann an deren Bezug auf die Kultur festgehalten werden. Religion ist der Ort in der Kultur, an dem sich der individuelle Geist als Medium des absoluten Geistes verständlich wird.

Damit sind die Eckpunkte und treibenden Motive von Tillichs früher Religionsphilosophie im Kontext der zeitgenössischen Debatten benannt. Die mit der Durchführung dieses Programms verbundenen Probleme, die Tillich während des Ersten Weltkriegs zu einer sinntheoretischen Reformulierung der methodischen Grundlagen seiner Religionsphilosophie und Theologie führen werden, sind nun in den Blick zu nehmen.

2. Der Monismus des Sinnes, oder: Die geistphilosophischen Grundlagen des Religionsbegriffs

In seiner Dissertation zur Religionsphilosophie Schellings aus dem Jahre 1910 hatte Tillich den Gottesgedanken mit der Anthropologie zu einem Begriff der Religion verknüpft und diese als die reine Substanz des Bewusstseins bestimmt. Das methodische Fundament dieser religionsphilosophischen Konzeption bildet schon hier eine Philosophie des Geistes.[30] An dem geistphilosophischen Rahmen der Religions- und Kulturphilosophie hat Tillich auch in seinen Schriften nach dem Ersten Weltkrieg festgehalten. Allerdings erfahren die prinzipientheoretischen Grundlagen des Geistbegriffs nach dem Krieg eine Transformation. Zwar verwendet Tillich noch in den 1920er Jahren die Formel von der Substanz des Bewusstseins,[31] aber sie erhält einen gegenüber der Dissertation veränderten Bedeutungsgehalt. Neben diese Bestimmung der Religion tritt nun eine neue, der zufolge Religion Richtung auf das Unbedingte sei. Die zuletzt genannte Bestimmung nimmt den Gedanken der aktuellen Religion aus der Dissertation auf und avanciert zum grundlegenden Bestimmungsmerkmal der Religion. Die absolutheitstheoretische Bestimmung des Unbedingten wird nun von Tillich sinntheoretisch reformuliert. »›Das Unbedingte‹ ist ein Sinn, aber nicht ein einzelner Sinn, denn

30 TILLICH, Systematische Theologie von 1913, 288–290 (§ 9 Die Philosophie des Geistes). Zur Systematischen Theologie von 1913 vgl. NEUGEBAUER, Tillichs frühe Christologie, 252–292; S. DIENSTBECK, Transzendentale Strukturtheorie. Stadien der Systembildung Paul Tillichs, Göttingen 2011, 37–234.

31 Vgl. P. TILLICH, Die Überwindung des Religionsbegriffs in der Religionsphilosophie, in: ders., Ausgewählte Texte, Berlin/New York 2008, 63–80, hier 72.

jeder einzelne Sinn steht unter dem Zweifel und könnte den Zweifler nicht rechtfertigen. Das Unbedingte ist der Sinn schlechthin, der Ausdruck dafür, daß überhaupt ein Sinn ist, die Setzung der Sinnsphäre. Indem das Ich das Unbedingte bejaht, bejaht es zugleich sich selbst als sinnvoll, erhält es erst einen Sinn.«[32] Mit der Bestimmung des Unbedingten als Sinn, die sich bei Tillich seit 1917 findet, knüpft er an die Debatten in der Phänomenologie und im Neukantianismus an.[33] Auch neukantianische Philosophen wie Heinrich Rickert und Emil Lask haben sich um 1910 auf grundlegende Einsichten Husserls bezogen und die Wertphilosophie des südwestdeutschen Neukantianismus mit sinntheoretischen Überlegungen angereichert und weitergeführt.[34] In diesem Debattenzusammenhang steht Tillichs Sinnbegriff, den er in den Jahren nach dem Ersten Weltkrieg zum Ausgangs-

---

32 TILLICH, Rechtfertigung und Zweifel, 169f.

33 Vgl. Paul Tillich an Emanuel Hirsch, Brief vom Dezember 1917, in: ders., Briefwechsel und Streitschriften. Theologische, philosophische und politische Stellungnahmen und Gespräche, hg. v. R. ALBRECHT/R. TAUTMANN, Frankfurt a. M. 1983, 98f.: »So habe ich denn begonnen, meine größte Lücke auszufüllen, und habe die moderne Philosophie energisch in Angriff genommen. [...] Am lebhaftesten interessiert mich die von Husserl begründete phänomenologische Schule, die in Scheler einen katholischen und scholastisierenden Anhänger gefunden hat. [...] Daneben hat mich auch Simmel in manchem gepackt, Rickert in seinem ›Gegenstand der Erkenntnis‹ usw. Am energischsten habe ich mich auf die Logik geworfen, Husserl, Lotze, Sigwart, Windelband, Lask.«

34 Vgl. H. RICKERT, Kulturwissenschaft und Naturwissenschaft, Stuttgart 1986; ders., Die Grenzen der naturwissenschaftlichen Begriffsbildung. Eine logische Einleitung in die historischen Wissenschaften, 2 Bde. Freiburg i. Br. 1886–1902 (Tübingen [5]1929); E. LASK, Gibt es einen Primat der praktischen Vernunft« in der Logik?, in: ders., Gesammelte Schriften, Bd. 1, Tübingen 1923, 349–356. Vgl. hierzu U. BARTH, Religionsbegriffs, 89–123; MOXTER, Kritischer Intuitionismus, 173–195.

punkt einer Neubestimmung seiner Religions- und Kulturtheorie gemacht hat.[35]

In seiner Geistphilosophie verschränkt Tillich Motive des Deutschen Idealismus mit den sinntheoretischen Debatten in Neukantianismus und Phänomenologie. Ohne ihre Einbeziehung ist seine Konstruktion des Religionsbegriffs kaum angemessen zu rekonstruieren. Das gilt insbesondere für den Gottes- sowie den Transzendenzbegriff. Sie stehen durchweg unter einer Maxime, welche Tillich in seiner Hallenser Habilitationsschrift ›Der Begriff des Übernatürlichen, sein dialektischer Charakter und das Prinzip der Identität, dargestellt an der supranaturalistischen Theologie vor Schleiermacher‹ von 1915 als eine Dialektik des Supra formuliert[36] und in seinem Briefwechsel mit Hirsch wiederholt hat.[37] Gegenüber Hirschs Konstruktion des Gottesgedankens als einem dem menschlichen Geist fremden und anderen Element repliziert Tillich: »Du sagst, der Geist sei nur die Form, die das Gotteserlebnis aufnehme, der Inhalt stamme nicht von ihm. Diese Trennung von Form und Inhalt aufgehoben zu haben, ist nun das Verdienst der modernen philosophischen Entwicklung, insonderheit Kants. In den Geist kann nichts hinein, was nicht aus ihm kommt, denn er ist niemals leere Form, sondern immer lebendige Aktualität. Er

35 Das gilt auch für den jungen Heidegger. Vgl. K. HOBE, Zwischen Rickert und Heidegger. Versuch über eine Perspektive des Denkens von Emil Lask, in: Philos. Jahrbuch 78 (1971), 360–376.

36 P. TILLICH, Der Begriff des Übernatürlichen, sein dialektischer Charakter und das Prinzip der Identität, dargestellt an der supranaturalistischen Theologie vor Schleiermacher, in: ders., Frühe Werke, Berlin/New York 1997, 435–592, bes. 473f.

37 Vgl. Brief Tillichs an Emanuel Hirsch vom 20. Februar 1918, in: ders., Briefwechsel und Streitschriften. Theologische, philosophische und politische Stellungnahmen und Gespräche, 115f.

ist unendlich und zieht alles in sich hinein.«[38] Tillich operiert mit einem Begriff des Geistes, der strikt selbstbezüglich gefasst ist. Darauf zielt seine Formulierung im Briefwechsel mit Hirsch, er lehre »den Monismus des Sinnes«.[39] Alle Inhalte des Geistes – einschließlich des Gottesgedankens – sind Setzungen des Geistes.

Mit dem Begriff des Geistes bezeichnet Tillich das Selbstverhältnis des menschlichen Bewusstseins. Es bildet die Basis aller inhaltlichen Gehalte des Wissenkönnens. Mit dem Deutschen Idealismus geht Tillich davon aus, dass der Geist durch Selbstbestimmung charakterisiert ist und ein Wissen um sich selbst hat. Für den Geist ist Freiheit konstitutiv: er bestimmt sich selbst zu seinen konkreten Akten. Und als Geist weiß er um sich selbst – er hat ein begleitendes Wissen um sein eigenes Handeln. Mit Tillichs eigenen Worten gesagt: »Diese Bewusstheit, dieses Sich-selbst-Zuschauen und Sich-selbst-Bestimmen des Denkens im schöpferischen Akt, ist das fundamentale Merkmal des Geistigen.« (GW I, 219) Geist ist für Tillich nicht nur ein Denkakt, also das Denken eines bestimmten Inhalts, sondern ein selbstbewusstes, ein sich in seinem Denken bewusstes Denken.

Freiheit und Selbstbewusstsein sind zunächst die grundlegenden Bestimmungsmerkmale des Geistes. Weiterhin ist für ihn ein Einheits- oder Synthesisprinzip konstitutiv, sodann eine in dem Geist liegende Antinomie und schließlich drittens die Funktionen des Geistes. In seiner philosophischen Dissertation über Schellings Religionsphilosophie

---

38 Brief Tillichs an Emanuel Hirsch vom 20. Februar 1918, EW VI, 116. Vgl. hierzu F. WITTEKIND, ›Sinndeutung der Geschichte‹. Zur Entwicklung und Bedeutung von Tillichs Geschichtsphilosophie, in: C. DANZ (Hg.), Theologie als Religionsphilosophie. Studien zu den problemgeschichtlichen und systematischen Voraussetzungen der Theologie Paul Tillichs, Wien 2004, 135–172, bes. 148–152.

39 Brief Paul Tillichs an Emanuel Hirsch vom 9. Mai 1918, 127.

von 1910 nannte Tillich das Synthesisprinzip die reine Substanz des Bewusstseins und charakterisierte es als ein natura sua Gott setzendes Bewusstsein. Diese Einheitsfunktion ist für das menschliche Bewusstsein, welches sich in allen seinen Akten auf sich selbst bezieht, konstitutiv. Ohne eine solche Einheitsfunktion könnten wir uns Gedanken und Handlungen nicht als die unsrigen zuschreiben, sie also nicht als die unsrigen wissen. Immanuel Kant nannte diese Einheitsfunktion in der Kritik der reinen Vernunft transzendentale Apperzeption und erläuterte sie mit der bekannten Formulierung: »Das: Ich denke, muß alle meine Vorstellungen begleiten können; denn sonst würde etwas in mir vorgestellt werden, was gar nicht gedacht werden könnte«.[40] Diese Synthesisfunktion im Selbstverhältnis des menschlichen Bewusstseins versteht Tillich als das Unbedingte oder das Absolute. Es bezieht sich nicht auf eine dem Geist externe Instanz, es meint vielmehr die Unbedingtheitsdimension, die für das Selbstverhältnis des Bewusstseins konstitutiv ist. Jene Unbedingtheitsdimension reformuliert Tillich nach dem Ersten Weltkrieg sinntheoretisch: Das Medium des Geistes ist der Sinn; alle Akte des Geistes sind Sinnakte.[41]

Das Unbedingte als Einheits- und Grundlagenfunktion des Bewusstseins liegt allen Handlungen des Bewusstseins zugrunde und gewissermaßen voraus. Mit seinem Geistbegriff verbindet Tillich sodann eine Antinomie. Sie resultiert daraus, dass die für das Bewusstsein konstitutive Einheit in diesem in eine Zweiheit auseinander tritt. Im menschlichen Bewusstsein kann die Einheit, die es selbst ist, nur in einer

---

40 I. KANT, Kritik der reinen Vernunft B 131f. = ders., Werke in zehn Bänden, Bd. 3, hg. v. W. WEISCHEDEL, Darmstadt 1983, 136.

41 Vgl. TILLICH, Religionsphilosophie, 318: »Sinn ist das gemeinsame Merkmal und die letzte Einheit von theoretischer und praktischer Geistessphäre, von wissenschaftlichem und künstlerischem, von rechtlichem und sozialem Gestalten.«

Subjekt-Objekt-Relation gewusst werden. Tillich spricht von einer Urparadoxie der Existenz des Geistes.[42] Der Geist als gleichsam allgemeine Einheits- und Synthesisfunktion kann sich selbst nur als etwas Konkretes, Bedingtes, Relatives erfassen, so dass er sich selbst in seinen Reflexionsakten verfehlt. Für das Bewusstsein ist die Differenz von Akt und Aktgegenstand unhintergehbar.

Dass alle Akte des Geistes Sinnakte sind, ist nun nicht derart zu verstehen, »als ob eine an sich sinnlose Wirklichkeit durch die Akte der geisttragenden Gestalten sinnvoll würde«. »Vielmehr sind die sinngebenden Akte sinnerfüllende Akte. Der dem Seienden in all seinen Formen innewohnende Sinn kommt in den geistigen Akten zu sich selbst, der Sinn der Wirklichkeit verwirklicht sich im Geistigen«.[43] Tillichs Begriff der Sinnerfüllung, der deutlich seine Herkunft aus der Phänomenologie Husserls erkennen lässt, ist die grundlegende Kategorie von dessen Sinntheorie.[44] Das Sein kommt im Geist als Sinn zur Erfüllung.

Der Sinn konstituiert sich durch die von Tillich sogenannten Elemente des Sinnes. Sie sind Denken und Sein

---

42 Vgl. den Brief Tillichs an Emanuel Hirsch vom 20. Februar 1918, 122.

43 TILLICH, System der Wissenschaften, 222.

44 Zu Husserls Unterscheidung von bedeutungsverleihenden und bedeutungserfüllenden Akten vgl. E. HUSSERL, Logische Untersuchungen. Bd. 2. 1. Teil: Untersuchungen zur Phänomenologie und Theorie der Erkenntnis, Hamburg 1992, 44: »Andererseits die Akte, die zwar dem Ausdruck als solchem außerwesentlich sind, dafür aber in der logisch fundamentalen Beziehung zu ihm stehen, daß sie seine Bedeutungsintention mit größerer oder geringerer Angemessenheit erfüllen (bestätigen, bekräftigen, illustrieren) und damit eben seine gegenständliche Beziehung aktualisieren. Diese Akte, welche sich in der Erkenntnis- oder Erfüllungseinheit mit den bedeutungsverleihenden Akten verschmelzen, nennen wir bedeutungserfüllende Akte.«

bzw. Sinnform und Sinngehalt. In dieser Doppelheit kommt das Wesen des Sinnes zum Ausdruck. Denken und Sein, so Tillich in seinem System der Wissenschaften, sind »die Grundlage für die Erfassung der Sinnfunktionen und Kategorien. Sie selbst aber sind weder Funktionen noch Kategorien. Sie konstituieren kein Sinngebiet und kein Sinnobjekt, sondern sie konstituieren den Sinn selbst.«[45] Die Unterscheidung von Denken und Sein bzw. Form und Gehalt ist für Tillichs Sinntheorie geradezu konstitutiv. Das Denken entspricht dem Formelement bzw. den Denkformen und das Sein dem Gehaltelement. Es wäre allerdings verfehlt, wollte man die Begriffe Denken und Sein im Sinne eines Idealismus, der nur Gedanken kennt, oder eines Realismus, der an Gegenständen orientiert ist, verstehen. Tillichs Beschreibung der Sinnelemente Denken und Sein resultiert aus seinem Theorieprogramm, welches den neukantianischen Kritizismus mit der Phänomenologie verbinden möchte.[46] Die metalogische Methode sowie sein Schlüsselbegriff der Sinnerfüllung markieren die Alternative zu Idealismus und Realismus. Sodann reformuliert diese Unterscheidung den Gedanken des Absoluten bzw. Unbedingten im Selbstverhältnis des Geistes. Das Verhältnis von Denken und Sein tritt an die Funktionsstelle der reinen Substanz des Bewusstseins aus der Dissertation von 1910. Und schließlich sind Denken und Sein die Elemente des Sinnes, durch die sich ein sinnhafter Zusammenhang erst konstituiert. Durch die Doppelheit bzw. Spannung von Denken und Sein wird das Prinzipiengefüge der Sinntheorie selbst dynamisiert.

45 TILLICH, System der Wissenschaften, 234.

46 Vgl. TILLICH, Religionsphilosophie, 391–404, vgl. ders., System der Wissenschaften, 117–120. Vgl. hierzu auch C. CORDEMANN, Religion und Kultur. Paul Tillichs religionsphilosophische Grundlegung einer Theologie der Kultur, in: DANZ/SCHÜSSLER (Hg.), Theologie der Kultur, 94–127, bes. 111–127.

Das Unbedingte ist nicht nur der Grund des Sinnes bzw. Sinnzusammenhangs, sondern zugleich dessen Abgrund.[47] Entscheidend für diese Fassung des Unbedingten als Grund und Abgrund dürfte die Überlegung Tillichs sein, dass das Denken, wenn es sich selbst zu erfassen versucht, mit der Faktizität bzw. Irrationalität seiner selbst konfrontiert ist. Das Denken, welches alles durch seine Bestimmungstätigkeit bestimmt, findet keinen Anfang seiner selbst. In diesem Sinne beschreibt Tillich das Verhältnis von Denken und Sein in der Religionsphilosophievorlesung von 1920. »Das Rationale wird gewahr, daß in ihm selbst als Voraussetzung seiner Aktualität ein Irrationales steckt, das ja nun unvermeidlicher Weise dem Rationalen als ein Anderes, Fremdes, Dunkles erscheint.« (EW XII, 395)[48] In der Vorlesung von 1920 identifiziert Tillich diese Selbsterfassung des Denkens in der Doppelheit von Denken und Sein mit der Religion und bezeichnet es als absolutes Realitäts- bzw. Sinnerlebnis. In ihm erfasst sich der Geist in und an seinen konkreten Setzungen in seinem reflexiven Bezug auf sich selbst.

Die sinntheoretische Fassung der Unbedingtheitsdimension im Selbstverhältnis des Geistes sowie der in ihm liegende Widerspruch bilden den Rahmen von Tillichs Religionsverständnis. Mit den genannten beiden Momenten ist Tillichs Begriff des Geistes jedoch nicht vollständig be-

---

47 Vgl. TILLICH, Religionsphilosophie, 318f. Vgl. BARTH, Religion und Sinn, in: DANZ/SCHÜSSLER (Hg.), Religion – Kultur – Gesellschaft, 197–213, bes. 202f.

48 Vgl. auch TILLICH, System der Wissenschaften, 227: »Jeder schöpferische Geistesakt ist der Intention nach auf die unbedingte Form gerichtet. Die unbedingte Form aber existiert nicht. Sie ist der Ausdruck für das Grundverhältnis von Denken und Sein. Alles Denken ist wesensmäßig darauf gerichtet, das Sein zu erfassen. Aber das Sein ist unendlich für das Denken; es ist der Abgrund und das ewige Jenseits jeder Einzelform.«

schrieben. Hinzu kommt noch dessen innere, transzendentalgesetzliche Struktur. Die philosophische Tradition unterschied im Anschluss an Platon und die Vermögenspsychologie des 18. Jahrhunderts sowie in Anlehnung an Kant die drei Bewusstseinsfunktionen Denken, Handeln und Fühlen. Diese Unterscheidung spielt nicht nur für die religionsphilosophische Debatte des 19. Jahrhunderts eine wichtige Rolle, sondern auch für die neukantianischen Kulturphilosophien, wie sie im südwestdeutschen und im Marburger Neukantianismus ausgearbeitet wurden. In seiner philosophischen Dissertation von 1910 knüpfe Tillich noch an die Unterscheidung von drei Bewusstseinsfunktionen an, modifizierte sie hingegen nach dem Ersten Weltkrieg. In seinem Vortrag ›Über die Idee einer Theologie der Kultur‹ von 1919 kommt es zu einer Neubestimmung der nun Kulturfunktionen genannten Bewusstseinsfunktionen, welche Tillich bis in die Systematische Theologie hin beibehält.[49] Tillich unterscheidet »die gesamten Kulturfunktionen« in theoretische und praktische Funktionen. Unter der theoretischen Funktion des Geistes versteht er »solche, durch die der Geist den Gegenstand in sich aufnimmt«, und differenziert sie nochmals in »intellektuelle und ästhetische«. Die praktische Funktion hingegen ist diejenige, »durch die der Geist in den Gegenstand eingehen [...], ihn nach sich gestalten« will. Auch diese differenziert er in zwei Unterfunktionen, nämlich »individual- und sozialethische (mit Einschluß von Recht und Gesellschaft)« Funktionen.[50] Konstitutiv für die innere Struktur des Geistes sind damit dessen theoretische und die praktische Funktion. Das Gefühl wird nun als eine eigene Bewusstseinsfunktion ausgeschieden. Es begleitet

49 Vgl. TILLICH, Systematische Theologie, Bd. 1, Stuttgart ²1956, 91–96.
50 TILLICH, Idee, 29.

alle Funktionen.[51] Den Bewusstseinsfunktionen kommt ein transzendentaler Status zu, so dass sie die notwendigen Bedingungen des Aufbaus der Kulturwirklichkeit darstellen. In diesem Sinne bestimmt Tillich die Geistesfunktionen in seinem System der Wissenschaften von 1923 als »Aktrichtungen, in denen die geisttragende Gestalt ihr Wirklichkeitsverhältnis in gültiger Weise vollzieht und dadurch eine sinnvolle Wirklichkeit aufbaut«.[52]

Der monistische Geistbegriff Tillichs – so kann man das Ausgeführte zusammenfassen – ist zweistufig konstruiert: Dem Selbstverhältnis des menschlichen Bewusstseins liegt eine unbedingte Einheitsfunktion zugrunde, und die Ebene des durch den Reflexionsgegensatz von Subjekt und Objekt ausgezeichneten Bewusstseins stellt die kulturelle Realisierungsinstanz des Geistes dar. Dieser Begriff des Geistes fungiert als die methodische Grundlage von Tillich Religions- und Kulturphilosophie.

3. Religion als Substanz des Bewusstseins und als Meinen des Unbedingten

In seinem Vortrag Über die Idee einer Theologie der Kultur aus dem Jahre 1919 fasste Tillich seine Überlegungen zu einem Begriff der Religion in einer förmlichen Definition zusammen. Religion, so schreibt er hier, sei »Erfahrung des Unbedingten und das heißt Erfahrung schlechtinniger Realität auf Grund der Erfahrung schlechthinniger Nichtigkeit«.[53] Die zitierte Bestimmung der Religion als Erfahrung des Unbedingten repräsentiert eine Übergangsstufe.

51 Vgl. TILLICH, Idee, 29.

52 TILLICH, System der Wissenschaften, 232.

53 TILLICH, Idee, 30.

Schon in der zweiten Auflage des Kulturvortrags, die 1921 erschien, wird sie durch die Wendung »Religion ist Richtung auf das Unbedingte« ersetzt. In dem terminologischen Wechsel in der Bestimmung des Wesens der Religion schlägt sich die Rezeption der Phänomenologie Husserls nieder. Die intentionalitätstheoretische Bestimmung der Religion als Richtung auf das Unbedingte erschien Tillich offensichtlich als wesentlich angemessener als die unscharfe Kategorie der Erfahrung, um die innere Struktur und den Aufbau des religiösen Bewusstseins zu beschreiben.

Wie zeichnet Tillich die Religion nun in den Aufbau des Geistes ein, und was genau versteht er unter Religion? Die neue sinntheoretische Fassung des Religionsbegriffs ist in der Bestimmung der Religion als Richtung auf das Unbedingte aufgenommen. Tillich verwendet allerdings auch in den 1920er Jahren noch die frühere Bestimmung von der Religion als Substanz des Bewusstseins. Zu fragen ist also, wie sich die beiden Bestimmungen der Religion, also die neue sinntheoretische und die alte idealistische, zu einander verhalten.

Eine erste religionsphilosophische Lösung des angedeuteten Problems seiner Religionstheorie findet sich in dem Briefwechsel mit Emanuel Hirsch. In seinem Brief an Hirsch vom 12. November 1917 hatte Tillich seinem Freund mitgeteilt, dass ihn seine Beschäftigung mit der Rechtfertigungslehre zu der »Paradoxie ›des Glaubens ohne Gott‹ getrieben«[54] habe. In einem weiteren Brief an Hirsch vom Dezember 1917 kommt er auf dieses »Zentralproblem« seines Denkens zurück. Er formuliert es hier so: »Wie ist mit dem theoretischen Zweifel diejenige Gewißheit vereinbar, die das Wesen des Glaubens ausmacht? Oder: Wie können die aus dem Denken erwachsenden Hemmnisse der religiösen Funktion

54 Brief Paul Tillichs an Emanuel Hirsch vom 12. November 1917, 97.

überwunden werden?«[55] Beide Formulierungen seines damaligen Zentralproblems lassen erkennen, dass es Tillich um die Inhalte des religiösen Bewusstseins, also um die Objektivationen des Geistes geht. Sie haben durchweg den epistemischen Status von Setzungen des Bewusstseins und unterliegen folglich dem religionskritischen Einwand, dass es sich um Projektionen des religiösen Bewusstseins handelt. »Über die Objektivationen« – so Tillich in seinem Brief an Hirsch vom Dezember 1917 – »ließen sich viele Bücher schreiben. Ihre Notwendigkeit ist in dem subjektiv-objektiven Charakter des Geistes überhaupt begründet. Er ist nur, indem er sich objektiviert. Ihre Wirklichkeit ist das Problem von Dogma, Kirche, Kultus, Frömmigkeit etc.«[56] Von den Objektivationen, in denen sich die religiöse Gewissheit ausspricht und die den Einwänden der Religionskritik unterliegen, unterscheidet Tillich eine »skepsisfreie Religion«. Sie sei, wie er betont, »eine reine Zuständlichkeit, die dem gesamten Erleben eine Färbung gibt«.[57]

Die genannte Beschreibung der religiösen Gewissheit lässt die Lektüre der Religionsphilosophie Georg Simmels erkennen.[58] Religion ist für Simmel ein Weltbild neben Öko-

---

55 Brief Paul Tillichs an Emanuel Hirsch vom Dezember 1917, 99.

56 Brief Paul Tillichs an Emanuel Hirsch vom Dezember 1917, 103.

57 Brief Paul Tillichs an Emanuel Hirsch vom Dezember 1917, 102.

58 In seinem Brief an Hirsch vom 12. November 1917 verweist Tillich auf Simmels Rembrandt-Buch (vgl. 97). Vgl. G. SIMMEL, Rembrandt. Ein kunstphilosophischer Versuch, Leipzig 1916. Zur Religionstheorie Simmels vgl. V. KRECH, Georg Simmels Religionstheorie, Tübingen 1998; F. VOIGT, »Die Tragödie des Reiches Gottes«? Ernst Troeltsch als Leser Georg Simmels, Gütersloh 1998, bes. 147–160. 266–282. Vgl. auch W. SCHÜSSLER, Jenseits von Religion und Nicht-Religion. Der Religionsbegriff im Werk Paul Tillichs, Frankfurt a. M. 1989, 108–116; E. STURM, Selbstbewußtsein zwischen Dynamik und Selbst-Transzendenz des Lebens und unbedingter Realitätserfassung. Paul Tillichs kritische Rezeption der Religions-

nomie, Politik, Recht, Wissenschaft etc. mit einer eigenen Weise der kategorialen Formung. Die Eigenart des religiösen Bewusstseins besteht für ihn in der Selbsttranszendierung und deren Selbstdarstellung.[59] Dieser Form der Religion, die sich in Objektivationen darstellt, liegt allerdings eine ursprünglichere Religiosität zugrunde. Sie sei »das fundamentale Sein der religiösen Seele und bestimmt erst die Färbung und Funktion jener allgemeinen oder auch besonderen Qualitäten der Seele«.[60] Ihr gilt das vorrangige Interesse Simmels. Die Religiosität, welche er als »Zustand« und als »Vorgang in der Innerlichkeit des Subjekts« beschreibt,[61] als »Stimmungen oder Funktionen, die ihrem logischen Wesen über die Seele hinausweisen, dennoch in ihr selbst verbleiben und sich an keinerlei Gegenständen bewähren«,[62] existiert ohne Objektbezug allein in der Seele oder im Selbstverhältnis des menschlichen Bewusstseins.
Mit seiner Unterscheidung zwischen einer skepsisfreien Religion und ihren Ausdrucksformen knüpft Tillich an Simmels Religionsphilosophie an und reformuliert im Rückgriff auf deren gedankliche Mittel seine frühere Differenzierung von Religion als Prinzip und aktueller Religion.

und Lebensphilosophie Georg Simmels, in: C. DANZ (Hg.), Theologie als Religionsphilosophie. Studien zu den problemgeschichtlichen und systematischen Voraussetzungen der Theologie Paul Tillichs, Wien 2004, 23–48; BARTH, Religion und Sinn, 203–206.

59 Vgl. G. SIMMEL, Die Religion, Frankfurt a. M. 1906, 14f.: »Dies [sc. die ästhetische Naturbetrachtung] ist noch nicht Religion; aber es ist derjenige Vorgang, der Religion wird, indem er sich ins Transzendente fortsetzt, sein eigens Wesen zu einem Objekt werden läßt und von diesem sich selbst zurückzuempfangen scheint.«

60 G. SIMMEL, Das Problem der religiösen Lage, in: ders., Philosophische Kultur, Frankfurt a. M. o. J., 184–196, hier 187.

61 SIMMEL, Problem, 192.

62 G. SIMMEL, Gesammelte Schriften zur Religionssoziologie, hg. v. H.J. HELLE, Berlin 1989, 110–171, hier 130.

Allerdings ist die im Anschluss an Simmel durchgeführte Beschreibung des religiösen Bewusstseins – wie Tillich selbst in seiner Vorlesung über Religionsphilosophie vom Sommersemester 1920 erkennt – nicht in der Lage, eine befriedigende Antwort auf den spezifischen Status der religiösen Objektivationen zu geben.[63]
Eine Weiterbestimmung erfährt die im Briefwechsel mit Hirsch im Anschluss an Simmel vorgenommene Differenzierung in der Unterscheidung zwischen einem expliziten und einem impliziten religiösen Bewusstsein. Eine frühe Fassung der genannten Unterscheidung findet sich in dem Aufsatz ›Die Überwindung des Religionsbegriffs in der Religionsphilosophie‹. Sie lässt auch das Problem erkennen, welches Tillich zu ihrer Einführung motivierte. Er schreibt hier mit Bezug auf die allgemeine Grundlagenfunktion des Unbedingten in der Selbsterfassung des Subjekts: »Es besteht nun für das Ich die Möglichkeit, seine Selbstgewißheit so zu erleben, daß die unbedingte Realitätsbeziehung, die darin enthalten ist, im Vordergrund steht: die a priori religiöse Art der Selbsterfassung; es besteht andererseits die Möglichkeit, seine Selbstgewißheit so zu erleben, dass die Beziehung auf das Sein des Ich im Vordergrund steht: die a priori unreligiöse Art der Selbsterfassung; im ersten Fall dringt das Ich gleichsam durch die Form seiner Bewußtheit hindurch, zu dem Realitätsgrund auf dem es ruht, im zwei-

63 Vgl. TILLICH, Religionsphilosophie (Sommersemester 1920), 439f.: »Hätte Simmel hier eine scharfe Formulierung gegeben, so wäre auch zweifellos der Gegensatz von Subjekt und Objekt nicht in dieser Schärfe zum Ausdruck gekommen. Objektiv ist noch nicht ohne weiteres gleich gegenständlich. Das Objekt des religiösen Erlebens ist zwar kein Gegenstand, das kann gar nicht scharf genug betont werden, aber es ist der reine Gehalt, ein übergreifender, allem Wirklichen immanenter Sinn, womit der ästhetisierende Subjektivismus der Simmelschen Definition überwunden wäre.«

ten Fall bleibt dieser Untergrund zwar wirksam – ohne ihn gäbe es keine Selbstgewißheit –, aber er wird nicht angetastet; das Ich bleibt in seiner Losgelöstheit, in der Bewußtseinsform.«[64] Das Unbedingte fungiert in Tillichs Geistbegriff als allgemeine Grundlagenfunktion des Bewusstseins. Mit dieser Fassung des Selbstverhältnisses im Geist ist ein Folgeproblem verbunden. Es besteht in der Frage, wie sich im Horizont dieses Begriffs des Geistes der Unterschied von Religion und Kultur begreiflich machen lässt. Wenn nämlich das Unbedingte allen Akten des Geistes zugrunde liegt, ist dann nicht jedes Selbstverhältnis schon als ein religiöses anzusprechen? Die Unterscheidung von implizitem und explizitem religiösen Bewusstsein soll die Differenz von Religion und Kultur im Geist beschreiben. Kultur ist für Tillich, wie es in der Religionsphilosophievorlesung heißt, »das Denken unter dem Gesetz der Besonderung, der Konkretheit, der Kontingenz, der Freiheit«.[65] Sie ist »jede Tätigkeit, die aufnehmend oder gestaltend die Wirklichkeit formt nach den jenen Funktionen immanenten Gesetzen des Theoretischen oder Praktischen«.[66] Tillich versteht die Verwirklichung des Geistes in seinen transzendentalgesetzlichen Funktionen als Kultur. Diese Funktionen und somit die Kultur sind autonom, da sie allein in den »Gesetzen ihrer Anwendung« begründet sind.[67] Das menschliche Bewusst-

---

64 TILLICH, Überwindung, 71f. Vgl. hierzu F. WITTEKIND, Grund- und Heilsoffenbarung. Zur Ausformung der Christologie Tillichs in der Auseinandersetzung mit Karl Barth, in: Jesus of Nazareth and the New Being in History. International Yearbook for Tillich Research, Vol. 6, Berlin/Boston 2011, 89–119, bes. 95–98.

65 TILLICH, Religionsphilosophie (Sommersemester 1920), 357.

66 TILLICH, Religion und Kultur, in: ders., Religion, Kultur, Gesellschaft. Unveröffentlichte Texte aus der deutschen Zeit (1908–1933). Erster Teil, Berlin/New York 1999, 275–281, hier 277.

67 TILLICH, Idee, 31. Vgl. auch ders., Das Christentum und die Gesellschaftsprobleme der Gegenwart, in: ders., Berliner Vorlesungen I

sein realisiert sich notwendig als Kultur, und zwar in der Einheit von theoretischen und praktischen Funktionen, aber dem Kulturbewusstsein liegt als Einheitsprinzip das Unbedingte zugrunde. Den Unterschied zwischen Religion und Kultur bestimmt Tillich intentionalitätstheoretisch. Sie unterscheiden sich durch ihren Richtungssinn: Religion ist Richtung auf das Unbedingte und Kultur Richtung auf die bedingten Formen.[68]
Die Unterscheidung ist eine Konsequenz von Tillichs Konstruktion des Selbstverhältnisses des menschlichen Bewusstseins. Tillich behauptet die Grundlagenfunktion des Unbedingten als eine allgemeingültige Relation, die mithin für jedes Bewusstsein gilt. Das implizit religiöse Bewusstsein stellt also eine Beschreibung der Grundlage und Voraussetzung des Selbstverhältnisses des menschlichen Bewusstseins dar. In den Begriff des implizit religiösen Bewusstseins hat Tillich den in der Dissertation von 1910 im Anschluss an Schelling ausgearbeiteten spekulativen Religionsbegriff als der reinen Substanz des Bewusstseins aufgenommen.[69] Die Grundlagenfunktion des Unbedingten für

(1919–1920), Berlin/New York 2001, 27–213, hier 71: »Hier ist jedoch ein Vorbehalt zu machen: jede Kulturfunktion ist autonom; es ist in keiner Weise angängig, die Logik, Ethik oder Ästhetik durcheinander oder von der Religion her so beeinflussen zu wollen, daß sie in ihrem organischen Wachstum sich ändern.«

68 Vgl. TILLICH, Religionsphilosophie, 320: »Richtet sich das Bewußtsein auf die einzelnen Sinnformen und ihre Einheit, so haben wir es mit Kultur zu tun; richtet es sich auf den unbedingten Sinn, den Sinngehalt, so liegt Religion vor. Religion ist Richtung auf das Unbedingte, Kultur ist Richtung auf die bedingten Formen und ihre Einheit – das sind die allgemeinsten und formalsten Bestimmungen der Religions- und Kulturphilosophie.«

69 Zu Tillichs Fassung des substantiell religiösen Bewusstseins in den Schriften nach 1920 vgl. auch NEUGEBAUER, Kulturtheologie, 58–63. Neugebauer ist freilich der Meinung, dass es Tillich nicht ge-

das Bewusstsein beschreibt Tillich von den 1920er Jahren bis hin zu seinem Spätwerk mit dem Substanzbegriff. Er zielt jedoch auf eine Substanz, die nur im und für Bewusstsein gegeben ist. Tillichs oft wiederholte Bemerkung, ein »der Substanz nach unreligiöses Bewußtsein« könne es ebenso wenig geben wie eine Gewissheit, »in der nicht die Gottesgewißheit implicite enthalten wäre«,[70] beruht auf der skizzierten Fassung der Struktur des Selbstverhältnisses des Bewusstseins.

Von dem implizit religiösen Bewusstsein ist das explizite unterschieden. Es zielt auf das unableitbare Innewerden der Unbedingtheitsdimension im konkret bestimmten und geschichtlich eingebundenen Kulturbewusstsein. Hierfür steht Tillichs Formel ›Religion als Richtung auf das Unbedingte‹. Die genannte Bestimmung der Religion bezieht sich nicht ausschließlich auf die intentionalen Korrelate des Bewusstseins – also die Objektivationen – sondern auf die Unbedingtheitsdimension, welche allen Akten des Bewusstseins zugrunde liegt. Letztere kann freilich im Bewusstsein nur durch gegenständliche und damit bedingte Bestimmungen erfasst werden. Jeder Inhalt des Bewusstseins ist ein bedingtes Objekt für ein Subjekt. Folglich kann es auch »keinen Glaubensakt« geben, »der als empirischer Vorgang nicht bedingt wäre«, und er ist stets »nur in, mit und unter dieser Bedingtheit«.[71] Für das Verständnis von Tillichs Verwendung des Begriffs »Richtung« ist dessen Rezeption der Phänomenologie Edmund Husserls von entscheidender

lungen sei, die frühe Bestimmung der reinen Substanz des Bewusstseins in seine neue sinntheoretische Geistphilosophie zu integrieren. Zu den Problemen der Verzahnung der beiden Religionsbegriffe vgl. auch WITTEKIND, Grund- und Heilsoffenbarung, 95–119.

70 TILLICH, Überwindung, 72.

71 TILLICH, Rechtfertigung und Zweifel, 225.

Bedeutung. In seinem Entwurf ›Rechtfertigung und Zweifel‹, den Tillich 1919 im Zusammenhang seiner Umhabilitierung von Halle nach Berlin als Empfehlungsschreiben in eigener Sache verfasst hatte, wird dies von ihm auch ausdrücklich betont. »Klärend«, so Tillich, »für dieses Verhältnis des Glaubens ist der von der phänomenologischen Schule gebrauchte Begriff des Meinens«.[72] Um die spezifische Struktur des religiösen Bewusstseins zu beschreiben, greift Tillich auf Husserls Verständnis der Intentionalität als einer invarianten Struktur des Bewusstseins zurück.[73] Ganz im Sinne Husserls erläutert er in Rechtfertigung und Zweifel den Begriff des Meinens.[74] »Jeder Begriff meint etwas, zielt auf etwas hin, und dieses Gemeinte ist etwas ganz anderes als die Vorstellung, durch die hindurch gemeint wird. So wird das Unbedingte gemeint durch die bedingten Vorstellungen hindurch.«[75] Die Formel ›Religion ist Richtung auf das Unbedingte‹ lässt sich damit zunächst so erläutern, dass das Bewusstsein einen konkreten Inhalt hat, aber in der Religion durch diesen Bewusstseinsinhalt »hindurch« nicht das Bewusstseinskorrelat, sondern das Unbedingte als Grundlage des Bewusstseins meint.

Es ist zu fragen, wie dieses »hindurch« des Meinens näher zu verstehen ist. Wenn das religiöse Bewusstsein nicht seine von ihm gesetzten inhaltlichen Bestimmungen meint, sondern durch sie hindurch eben das Unbedingte, dann ist

---

72 Ebd.

73 Vgl. HUSSERL, Logische Untersuchungen. Bd. 2. 1. Teil, 352–529. Vgl. NEUGEBAUER, Die geistphilosophischen Grundlagen der Kulturtheologie Tillichs, 47-58.

74 Vgl. HUSSERL, Logische Untersuchungen. Bd. 2. 1. Teil, 44: »Vermöge dieser letzteren Akte ist der Ausdruck mehr als ein bloßer Wortlaut. Er meint etwas, und indem er es meint, bezieht er sich auf Gegenständliches.«

75 Ebd.

das nur so möglich, dass in diesem Akt die gegenständlichen Bewusstseinskorrelate negiert und als negierte gesetzt werden. »Sobald das Bewußtsein sich auf das Unbedingte richtet«, so Tillichs Weiterbestimmung des religiösen Meinens in seinem Aufsatz Die Überwindung des Religionsbegriffs in der Religionsphilosophie aus dem Jahre 1922, »entsteht die Doppelheit von Akt und Gegenstand. Nun ist der religiöse Akt aber kein besonderer; er ist nur in den übrigen Akten wirklich. Er muß diesen also eine Formung geben, an der die religiöse Qualität sichtbar ist. Diese Formung ist die Paradoxie, d. h. zugleich die Bejahung und Verneinung der autonomen Form. Das religiöse Denken, Anschauen ist also ein Denken, Anschauen, das die autonomen Formen des Denkens zugleich benutzt und zerbricht.«[76] Die Religion realisiert sich im menschlichen Bewusstsein als Negation von dessen inhaltlichen Bestimmungen, so dass durch sie hindurch das Unbedingte gemeint wird. Religion ist das unableitbare Reflexiv-Werden des Alltagsbewusstseins und seiner konkreten Bestimmungen. Letztere werden dadurch zu Repräsentationen der Grundlagenfunktion des Unbedingten im Bewusstsein.[77] Die religiösen Gehalte können nicht als direkte Gegenstände des religiösen Bewusstseins verstanden werden, sondern nur als »Ausdrücke für den Überstieg auf die Ebene des Gemeint seins von Unbedingtem«.[78]

Die Repräsentation der Unbedingtheitsrelation im Bewusstsein wird von Tillich als ein Doppelverhältnis von Negation und Position konstruiert. Folglich kann das Unbedingte »nie anders als in der Doppelrichtung des Ja und

76 TILLICH, Überwindung, 74.
77 Vgl. WITTEKIND, Grund- und Heilsoffenbarung, 90–98.
78 WITTEKIND, Grund- und Heilsoffenbarung, 93.

Nein über dem Glaubenden erfaßt werden«.[79] Die sinntheoretische Fassung des Religionsbegriffs als Meinen des Unbedingten nimmt die systematische Funktion des Begriffs der aktuellen Religion aus der Dissertation auf. Durch den Anschluss an Husserls Intentionalitätstheorie verfügt Tillich nun über die begrifflichen Mittel, um die Eigenart des religiösen Bewusstseins in der Kultur angemessen zu beschreiben. Kultur ist die notwendige Realisierung der transzendentalgesetzlichen Bewusstseinsfunktionen und Religion im eigentlichen Sinne das unableitbare Erschlossensein des Unbedingten als Grund des Bewusstseins in dem konkreten, kulturell bestimmten menschlichen Bewusstsein. Sie entsteht durch einen Übergang von dem konkreten, inhaltlichen Bewusstsein zu dem Meinen des Unbedingten. Die Unbedingtheitsbeziehung ist zwar die allgemeine Grundlage des Bewusstseins und somit strikt allgemeingültig, aber sie erschließt sich nur durch das konkret bestimmte Bewusstsein hindurch, nämlich als Bestimmtheitsnegation.

In Tillichs sinntheoretischer Religions- und Kulturphilosophie wird die Religion so in den Aufbau des Kulturbewusstseins eingefügt, dass sie auf keiner besonderen Bewusstseinsfunktion fußt. Sie ist das Geschehen von Reflexivität im Kulturbewusstsein und keine Gegebenheit in der Kultur. Dadurch ist die Religion sowohl von der Kultur unterschieden als auch auf sie bezogen. Religion realisiert sich stets in und an den kulturellen Formen, ohne mit der Kultur zusammenzufallen. Die auch für die moderne Kultur unabdingbare Funktion der Religion liegt darin, dass sie der Ort der Durchsichtigkeit des Kulturprozesses für sich selbst

79 P. TILLICH, Rechtfertigung und Zweifel (zweite Version), EW X, 219. Vgl. auch ders., Religionsphilosophie (Sommersemester 1920), 401–403 u.ö.

ist, und diese Durchsichtigkeit bezeichnet sich selbst mit symbolischen Formen.